覺悟者的臨終贈言

定日百法

帕當巴桑傑大師 ◎著
堪布慈囊仁波切 ◎講述
張 福成 ◎譯

目錄

定日百法

編注：
※此經文末的數字為該篇講解的頁碼。

【序】

給渴望改變今後生活的你

在二十一世紀高科技資訊發展快速的時代，每個人的壓力、煩惱、不安的心，越來越嚴重，內心無法喜樂、自在、安定。每天晨起甫睜開雙眼，就匆匆忙忙的為三餐、家計……等，辛苦忙碌奔波，毫無快樂可言。

每個人的情緒都很緊繃，脾氣一觸即發，因此造成許多家庭失和，朋友、同事、同學、團體之間，有許多衝突事件發生，因為在工作上有太多的競爭壓力，同事之間產生誤會而失和，在家庭中有太多的瑣碎之事煩心，對彼此說話的口氣不好，導致夫妻關係失和，在團體中也是一樣，成員之間因猜疑、嫉妒、爭寵而產生衝突，導致內心不快樂，非常痛苦。

常常有人問，不知道人活著的目的是什麼？內心是空虛的，煩惱、憂慮、擔心佔據了一切。對於未來的人生沒有方向，沒有目標。看不到未來，對未來的人生極爲擔心、恐懼、害怕。大家都沒有好好的去省思，思惟我們來到這世界的目的是什麼？我們的人生應該如何掌握、充分的利用，人生非常短暫，如花開花謝，剎那凋零，如天上的雲朵、風吹即散，是那麼的無常且無奈；甚至有人一出生就死亡，連眼睛都還沒睜開看看這世界就離開……我們的人生經常是計劃趕不上變化，上一分鐘不知道下一分鐘的變化。所有的人、事、物都一樣，剎那轉眼消失成空，昨日與其相見，今日已成故人，昨日的輝煌一夜之間毀於一旦，無論是名利也好，官祿、容貌、財富、健康、生命都是一樣，無人能倖免。

生老病死，愛恨別離，已變成習以爲常，每天沉迷於無盡的慾望之中，沒有靜下心來好好的思惟：你來到這世界是多麼不容易，你打算就這樣虛度此生，過著這麼沒意義、沒價值的人生嗎？只想三餐能溫飽，下雨不受雨淋，有一個能遮風避雨的地方……這樣你就滿足了嗎？如果以上這些都擁有了，你的內心能眞正的獲得踏實嗎？你能享受到眞正的快樂嗎？你的快樂能永遠不變嗎？你現在所擁有的一切，永遠不會消失嗎？

本書作者堪布慈囊仁波切，看到現代人的煩惱越來越嚴重，每天都有許多人向他請教，請他加持、教導要如何才能晚上睡得著覺。壓力大到無法入眠？如何改善夫妻之間的感情？婆媳之間的相處如何獲得改善？如何使孩子聽話孝順？如何能使工作順利？如何改善健康？如何擁有財富？這些煩惱、憂慮都是生活上的不協調而產生的，也就是心的想法出問題而產生的。

仁波切看到現代人心裡所產生的狀況，知道講解證悟者帕當巴桑傑在即將涅槃時所傳授的教法正是最佳時機，好讓大家都能如實的依此方法修持，解脫煩惱跟痛苦。高科技產品爲現代人帶來的資訊及心理上的負面渲染將是一大危害，當情況越來越嚴重時，人的心及想法偏差也將日益嚴重，也許未來有精神方面疾病的人會更多，家庭失和跟社會問題也會越來越多。帕當巴桑傑所傳授教導的這個方法，只要確實的認眞修持，可以完全解決現代人的這些煩惱：擔心、憂慮、睡眠、健康……等問題。

仁波切將帕當巴桑傑的一百句臨終箴言，一句一句的做了非常清晰詳盡的解釋。這是仁波切爲利益眾生，幫助眾生過安定的生活、在煩惱痛苦中能覺醒的心願，故解說此心要精髓，希望大家能按照書中詳盡的教導，每天反覆多加練習，運用在日常生活當中，假以時日一定能帶給你無限的希望，享受到眞實的喜樂、自在，看到心的實相。

菩提三乘林佛學中心
會長王莎賀　合十

【前言】

帕當巴桑傑——達摩祖師最後遺教《定日百法》

《定日百法》是帕當巴桑傑大師向他的弟子們開示的最後遺教，亦是一個非常殊勝的教法。

帕當巴桑傑原是印度南方某國的王儲，透過在佛法上不斷地精進禪修終究獲得成就，成爲一位偉大的修行者。在西藏的歷史裡認爲，他與中國的達摩祖師是同一人，傳說他住世的時間逾五百多年，也曾到過中國與西藏數次。

關於帕當巴桑傑與達摩祖師是否同一人這點，從名字上來考察，「當巴」與「達摩」同意，亦即「法」的意思；「桑傑」與「菩提」同意，亦即是「佛」、「覺悟」的意思；所以，在詞意上，帕當巴桑傑與菩提達摩是一致的。

兩人出生地相同，都在南印度，也同樣具有王子的身分。西藏歷史上記載他去過中國；惟去中國和西藏的時間，在史料上的記錄有些許的差異。另外，兩人在歷史上的降魔公案與法教也相似——內容大部分屬於空性，或是與修習般若空性有關的訣竅。《定日百法》的內容既深且廣，漸進有次第的從個人日常生活擴及佛法的修行。其中，佛法內容的見地、觀修、行持與果位（見修行果），相關的甚深教導也有論及。因教導地方位於西藏、尼泊爾的交界處「定日」，內容篇幅達一百條；所以，這個法的名稱就稱作《定日百法》。

對於禪修者而言，《定日百法》隸屬大乘教法，而菩提心是大乘的基礎與核心；所以，不論講說與聽聞，內心都應先生起菩提心，在菩提心的攝持下進行佛行。首先，各位的內心請先生起善的、好的與菩提心動機。接著，要在菩提心的動機攝持之下，來進行講說與聽聞。請先靜默思惟菩提心的內容……。

帕當巴桑傑親誡定日百法

唵娑底

當巴恰欽來至當巴尊前，啟稟：「當巴身已老邁，然當巴看起來則由安樂往至安樂。定日諸士心託付於誰？」旋即潸然淚下。故當巴於定日諸士宣說遺教。

這段是前言，談到當巴恰欽來到當巴的尊前。「當巴」的意思是純正之士，意即正派的人士，是名字的一部分。恰欽是帕當巴桑傑的弟子，他以帕當巴桑傑弟子們的代表身分前來謁見上師。

此時的帕當巴桑傑已然是個成就者。弟子前來拜見的時候，上師雖外現垂垂老矣的身相，然而他內心卻非常安樂地邁向安樂的果位（由安樂往至安樂），將要證悟佛果了。

「定日諸士心託付於誰？旋即潸然淚下。」定日是地名，位於西藏的日喀則，大概在珠穆朗瑪峰（聖母峰）北方、尼泊爾跟西藏的交界處。是帕當巴桑傑進出西藏的出入口，所以他駐足此地的時間很長，定日此處的人，與他非常有法緣。

他們請問：「定日諸士心向於誰？」上師今生循著安樂修行道路即將得到圓滿大樂的涅槃果位了，那我們定日這地方的人，未來將要怎麼辦？心要寄託、依止何處？今後當如何修行？

「問後已潸然淚下。」這些弟子問完後就痛哭流涕。而帕當巴桑傑當下對定日諸士開示的教法，便是以下這些內容。

「故當巴於定日諸士宣說遺教」，定日這些弟子當初請法時，因爲眼見上師「由安樂往至安樂」，將要成就佛果涅槃了，「定日之士心向於誰？」弟子們問：「等到上師您圓寂之後，我們內心要寄託在什麼地方呢？」問後不禁悲從中來、潸然淚下；而帕當巴桑傑隨後所揭示的教法，就是回應定日這批弟子，除了解惑，也是最後的遺教。

1 於身口意勤奮於正法，業則大轉變矣定日人。

以自己的身、口、意三門努力精進去修習正法，業力會發生很大地轉變呀！定日弟子。

爲什麼要努力修行呢？後面說明了原因——「業則大轉變矣」。我們這輩子會遭遇許多苦與樂；不僅如此，下輩子的苦樂依然不少，可是這些苦樂從何而來呢？歸根究底是業力的緣故。「業則大轉變矣」，業力會發生如何的變化呢？如果造作善業，將來就會形成快樂的果報；如果造作惡業，將來就會轉變成痛苦的果報。所以，倘若希求爲未來離苦得樂，現在就要在身、口、意三門上斷惡行善，好好地修行正法，業力自然會有巨大的改變。

口的善業與不善業

口業的部分，善業、不善業有四項。就這四個項目來說，佛法上稱作妄語、兩舌、惡口跟綺語。妄語是講謊話，反面是說誠實語；說誠實的話是善業，講妄語就是不善業。挑撥離間的話稱之爲「兩舌」，是不善的言語；反面是善的，即是講說令人和睦的言語。惡口，就是辱罵人的話，反之則是講說柔和的語言，能讓人聽了起歡喜心。最後是說綺語，綺語就是閒聊、講是非、無意義的語言，這是不善業，也須要斷除；各位應當講有意義的言語，或者是多唸經、唸佛等，這些都是善業。

很多佛教徒談到語言善業時，經常只想到唸誦佛經、持誦咒語等。可是我們仔細推敲語言的業，其實有四種善業、四種不善業，顯然不僅只有唸誦佛經等而已。講誠實的話，這是善業；講令人和睦的語言，也是善業；講悅耳的話、柔和的話，這也是善業。所以善業不是僅有一種。

當然唸佛、持咒、課誦法本及儀軌這些是善業，但是語言的善業並非只有這些項目。說誠實語，內心正直坦率講出來的話，是誠實的語言，就是善業。和睦、柔和的語言，讓人歡喜、讚嘆、恭敬的語言等，每天在社會生活中都運用得到，這些都是善業。

語言的四種善業可以落實於日常生活中，並善加運用。譬如，上班工作場合、家庭中、或與朋友交往都可以運用。如果這樣做，一方面除了自己能累積許多善業；另外，自己的內心還能充滿喜樂，並使別人沾染快樂。這些很容易做得到，除了能獲得別人的尊重及信任之外，甚至可以提昇社會的文化水平與人際和諧。

心的善業與不善業

內心方面的善業、不善業各有三種。首先不善業的部分，第一是貪念的心，對於他人的錢財想盡辦法欲佔爲己有，這樣的貪念是不善業。第二是傷害的心，內心想要去傷害他人、破壞他人；傷害心也是不善業。第三是邪見，邪見就是認爲沒有業力、因果的存在，不相信有前世今生輪迴，這種邪見的想法也是不善業。

相反的就是善業。貪心的反面是少欲知足，少欲知足是善業。其次，傷害心的反面就是對眾生起慈心，內心產生慈悲念去善待眾生，這是善業。最後，邪見的反面就是要具有正見；世間的正見就是要相信三寶，對眾生常念慈悲，而且相信業力、因果，相信有前世、後世；這種相信的心就是正見——世間正見，這個也是善業。以上是屬於意的善業。

佛法的根本基礎

《定日百法》在一開始談到身、口、意三門當做、不當做的，對這部分先進行了開示。為什麼一開始就要討論這個議題呢？因為當我們修行佛法的時候，相信業力、因果是佛法的根本基礎。也就是，努力去行持善業，努力去斷除不善業，這部分要先做好。其中不善業就是前面所說到的十不善業——在身、口、意三門方面共有十種；那麼善業是什麼呢？善業在身、口、意三門也同樣有十種。

在通篇的第一個句子裡面就開宗明義，表示其實是佛教徒修行的地基。假設在業力、因果這方面沒有修好，就算整天嘴上嚷著要修習更高深的大法，也是無濟於事的；因為缺乏了佛法的基礎，想要更上一層樓，將比登天還難。所以，如果想要修習佛法，前提的地基要先打好——地基就是行善、去惡，還有相信業力、因果。

業力的轉變

這裡談到「業則大轉變矣定日人」，業力會發生很大的轉變。世間種種都是由業力所形成的；痛苦、快樂當然也是由業力所造成。譬如，我們的身體讓人生產生那麼多的苦樂是源於上輩子；同樣的道理，來世會如何？會遇到什麼樣的痛苦、快樂，端看這輩子的業力。業力要發生轉變，就要積極行善、去惡，所以才說「業則大轉變矣定日人」。下輩子的苦或樂，或將來自己會有什麼樣的遭遇，不是三寶決定的，也不是佛所控制的。那究竟是誰造作的？是自己的業——自己有無行善、去惡的業果。要如何改變這些？既不是靠上帝的保護，也不是魔來障礙；想要避免痛苦、擁有快樂，該要如何達成呢？就靠自己造作的業——自己努力行善、去惡，是非常關鍵、要緊的。

「業則大轉變矣」，一個人出生的地方是誰來安排、決定的呢？是投生的人他自己做決定的嗎？人投生在困苦的環境難道是自己決定的嗎？或是投生在生活安定的地方，是自己決定的嗎？當然不是，不是自己能決定，而是自己上輩子的業力所決定的。源於以前業力的關係，他就投生在這裡或投生在那裡。於是，有人投生在窮困潦倒的地方，有人投生在戰爭頻繁的地方；或是有些人投生在文明進步的地方，生活條件優渥、物資充裕。爲什麼會這樣呢？都是上輩子的業力所決定的——由上輩子的善業及惡業所決定。有句話說：「欲知前世因，今生受者是；欲知來世果，今生作者是。」看你這世所承受的苦樂果報，就可推測出上輩子的業因。

「定日人」是指定日的當巴桑傑信徒或弟子們，這句是請他們仔細聆聽他的教誨，後面每一偈子也都有這句囑咐。各位可以把「定日人」改成自己，就等於是帕當巴桑傑對著我們告誡、教導。

2 身口意三託付予三寶，自然出加持矣定日人。

身、口、意就是身、語、意三門的意思。對於三寶我們要深具信心，如果自己的身、口、意三門能經常寄託在三寶上，對三寶有堅定的信心，內心誠懇的做祈請，自然會獲得加持、成就。

我們得到加持了嗎？

「信爲道源功德母」，信心是修行的前提。在修行前，內心要先生起信心。信心的對象誰呢？就是佛、法、僧三寶。三寶具有大悲心，恆常看顧一切眾生，但是眾生要如何得到三寶的大悲加持呢？我們到底有沒有得到加持呢？這是靠什麼決定的呢？就是靠自己內心對三寶有無信心來決定。

舉個例子來講，譬如：太陽在天空出現的時候，當然伴隨著出現陽光；但是地面上有些地方照得到日光，有些地方卻沒有，因此就產生差別了！然而就太陽本身而言，所放射出的光線是遍滿十方的，太陽本身是沒有偏私的。可是有些地方被陽光照到，有些地方卻沒有，這是地方的區別，並非是太陽的問題。所以就三寶本身的大悲加持來說，對眾生沒有遠近親疏的差別，全都一視同仁；但是眾生本身究竟有沒有辦法得到，這就有賴自己——依靠自己的信心；是否得到攝受、加持，關鍵就在於有沒有信心。

近代的歐美科學家以信心爲題作了一項研究。一群人對宗教深具信心，另一群人則是完全沒有。科學家就這兩種類型的人研究分析之後，發現這兩類人的內心有很大的差異。對宗教有信心者，內心的懷疑、恐慌、焦燥、憂鬱等情況相對較少；另一群沒有任何信仰者，他們的內心就較易陷於以上的負面情緒中。這些科學家的分析，印證了佛法的觀點，也提醒我們內心平常若有信仰，就能夠給自己帶來快樂、安定的生活。有信仰的人，他的內心具有希望性、前瞻性，內心情緒較穩定，而且心的力量也較強大與堅固，科學家的分析做了如是的總結。

3 棄捨此世心希求後世，即是上等目標定日人。

「棄捨此世心希求後世」，這裡談到大多數的人，花很大的心力，及大部分的時間專注在經營此世，心裡面只有想到這輩子，很少顧及爲下輩子作準備。想到這輩子的時候，就希望這輩子能夠長壽、無病、工作順遂，而且能夠獲得巨大的財富。心裡面一心一意想的事、做的計劃，經常都與這輩子的吃喝玩樂等享受有關。

但是，就上等的修行者而言，是徹底捨棄此世的，例如像密勒日巴。假設不能夠做到這樣子，至少目標也不要僅專注於這輩子。應該把對於此世的耽著、貪念逐漸降低。「棄捨此世」，簡單講就是少欲知足。

三士道次第

內心對此世的熱切追求，貪著之心非常的強烈，這些情況逐漸地減少之後，就應當「心希求後世」——對下輩子產生希求的心。如果對下輩子產生希求的心，有追求的想法之後，會有什麼情況呢？有三種。這三種就是三士道次第，《廣論》裡面談到的三士道次第，都是「心希求後世」。

若有人希求後世是希望：「我下輩子能脫離三惡道，投生在天道跟人道等上三善道。」內心有這種想法，把下輩子投生在善道當作追求的首要目標，這種人是屬於下士道。

若有人思惟：「我下輩子要徹底脫離輪迴、得到解脫。」對此生產生厭離心，祈求獲得脫離輪迴的解脫，具有這種希求後世解脫想法的就是中士道。

有一種人不是僅想著個人脫離輪迴、得到解脫，而是希望：「爲了讓所有眾生能夠解脫，我應該要得到究竟解脫的圓滿佛果。」內心產生這種熱切的渴求，這是屬於上士道。

以上這些都是內心祈求後世，而情況分成三種類型：下士道、中士道、上士道。各位應該按照三士道開示的內容努力去做，逐步朝向上一等的目標邁進。

「棄捨此世」的上士道就是內心切莫只想到自己個人或今生；除此之外，還要想到其他有情眾生，思惟如何去幫助有情眾生解脫。心裡要善加思惟「我要解脫，成就佛果」，不是只有想到利益自己個人，更要想到其他的眾生。輪迴苦海裡有各種生老病死的逼迫，爲了讓有情眾生能出離，所以「我要脫離輪迴、得到解脫」。

4 夫妻無常市場客人般，盼莫惡劣訟諍定日人。

對家庭的生活而言，夫妻、父母、兄弟姊妹等，不可能永遠生活在一起，因為無常隨時會到來。「市場客人般」，是比喻「無常」。例如店家白天到市場擺攤，晚上打烊之後，他們也就收攤回去了；來逛市場的人，雖然暫時群聚在市場裡，也是過客匆匆。不論攤販或客人並非恆常停駐在市場裡，「夫妻無常市場客人般」，用此來比喻世間一切都是無常變化的。

所以「盼莫惡劣訟諍定日人」，吵架、紛爭、打架、辱罵等這些應止息，應當和和氣氣地好好過生活。雖說如此，因為無常的變化，和樂的日子其實很難持久，能有多久很難說！所以，大家在短暫相聚的日子裡，要擁有幸福和樂的美滿生活是不大容易的，大家應當彼此珍惜聚會的日子。

為什麼會成為一家人？

父母、兄弟、子女等能夠組成一個家庭，當然是前輩子的業力所決定的。也許是上輩子的善業緣故，大家齊聚一堂，家庭整天和樂融融；但也許是上輩子的冤親債主，大家齊聚一堂，家庭終日吵吵鬧鬧。無論如何，既然成爲家庭，這其中一定有業力緣份的存在。在業力牽引的情況之下成爲家庭，而家庭份子眾多，各自的想法有異，彼此的行爲模式也可能不太一樣；在這種情況之下，身爲修行者的心態就要這樣子觀修：無論大家的想法、行爲如何，既然聚在一起成爲家人，表示上輩子有業力存在；況且，這輩子齊聚一堂的時間並非很久，也不是恆常不變，只有短短數十寒暑的時間，在這幾年的時間裡面，希望不要吵架、紛爭、辱罵等情況；大家能夠互相體諒、包容、尊重，營造和諧的家庭氣氛，珍惜這美好的日子。

家庭和諧的重要性

佛教徒經常會發願，祈求世界和平、國泰民安。家庭和諧是世界和平的基礎，因爲世界各國是由家庭組成的，如果家庭能夠和睦、融洽，那麼由許多家庭所形成的社會就會和睦、融洽；社會和睦、融洽，國家自然就祥和；世界各國祥和，全世界自然就和平、沒有紛爭。所以正如同發願內容一般，雖然內心的願望是希望世界和平，但要從自己做起，由小範圍擴及到大範圍；而家庭要能夠和睦、融洽，就應該要從自身開始做起。

如何讓家庭和諧？

就佛教的行者來講，應該要把學佛落實於日常生活中。其實修行最好的試練機會，就是在自己的家庭裡面。爲什麼呢？因爲在家庭裡面，每天要面對複雜的生活，這些磨練其實就是在修行，要讓家庭沒有紛爭是一個重大考驗。要如何消除家庭紛爭呢？例如對家中每一個成員要互敬、互愛；如果發生了紛爭與不愉快的情況，也要以開闊的心胸來包容。如果發現是自己的錯誤時，應該要深切反省，並力求改正；如果是別人的過錯，自己也應該要能夠包容、寬恕，才不會衍生出紛爭。

現在有些人的情況是家庭原本就不和睦，存在許多的紛爭，在學習佛法之後，發現家庭的紛爭並沒有減少，於是認爲：「學佛後，家庭的紛爭還是這麼多，並未改善；可見佛法是沒有用處的。」因爲並沒有試圖改善與改變自己，而家庭本來就已紛擾不斷，卻把責任推卸到佛法上，這樣其實是不對的。

可是我們回過頭來捫心自問：「如果我學習佛法之後，要如何讓我的家庭幸福美滿、內心寧靜愉快呢？」前面第一個談到的，身、口、意三門的十種惡業，切莫去做；十種善業當努力去做。總之，從身、口、意三門努力的行善去惡下手，一定會帶給自己、家庭及四周的人們幸福快樂。

現在很多學佛的人心中想到的佛法是這樣的面貌：修行的場所是拘限在佛堂，認爲只有在寺廟裡、深山裡、精舍中、蘭若裡，才能夠修學佛法。其實不然，在日常生活中或家庭中的學習，這些也是修行，學佛的人要有這樣的體認。

5 財物實爲如幻之欺騙，莫爲慳結所縛定日人。

「財物實爲如幻之欺騙」，錢財、物品及受用等並非恆常存在，也不是眞實存在，是幻化無常的，所以稱爲「如幻」。雖不是恆常存在，但卻會對我們造成假象。財物本身其實是如幻如夢，但是我們一般人對錢財、物品及受用，卻會產生一股強烈的眞實執著。我們從小開始讀書、識字，再進入社會，直到死亡之前，大概花了半輩子的時間去追求財富，可以說是錢財的僕人。甚至，有人用了一輩子的時間及精力去追求財富，結局卻一場空，空手來卻也空手歸，往生時萬般也帶不走。

關於財富受用的部分，密勒日巴曾有一個開示，內容非常的寫實，尊者說：「財初自樂他羨慕，雖有許多不知足；中被吝嗇結束縛，不捨用於善方面，乃著敵魔之根源，自己積累他人用；最後財爲送命魔，希求敵財刺痛心，應斷輪迴之誘餌，我不希求魔之財。」

頌文的意思是說：我們去追求財富的時候，剛開始是因爲我能得到財富後會非常的快樂；另外也因爲我假如非常有錢，別人都會羨慕我；爲了使他人羨慕之緣故，所以我要得到財富。所以這種人累積財富是要讓自己快樂，並讓別人羨慕；但是人們就算積累了很多的財富，也不會心滿意足的。最初的階段，雖然擁有許多財富卻仍不知足；可是中間的階段就辛苦了，因爲想不斷地積蓄財富，所以會被吝嗇的繩子緊緊綁住。已經非常富有了，可是被吝嗇的繩子緊緊的綁住，一毛不拔，捨不得用在行善的方面，如供養三寶、布施，這些都捨不得去做。當被吝嗇的繩子綁住，成爲守財奴的時候，財富就會變成招來魔鬼及仇敵的根源，或者招來鬼怪邪祟的傷害干擾。「自己累積他人用」，最後自己離開人世時，一輩子辛苦累積的財富，誰用呢？留給別人用。辛苦賺錢給人花用，自己卻勞累喪失了性命，多不值得呀！

在社會上生活中，當然需要有財富受用，才能維持基本的生活起居；但是人應當少欲知足，切莫花費自己所有的時間、心血去追求財富。錢財夠用就好，多餘的部分，也應盡量拿來供養三寶、布施行善，幫助需要的有情眾生。財富可能會招致仇敵對我傷害，假設被慳吝、小氣的繩索緊緊地綑綁住，也許自己會被一輩子辛苦勞累不斷所累積的財富，招感禍端而斷送了自己的性命。或者因爲財富的緣故，對財物慳吝，而造成家

5 財物實為如幻之欺騙，莫為慳結所縛定日人。

庭紛爭，產生怨恨跟痛苦，成爲助長惡業的外緣。因此尊者才會說：「莫爲慳結所縛定日人」。

6 蘊身不淨物之袋子般，盼莫求好擦拭定日人。

蘊身就是我們五蘊的身體。就五蘊的身體而言，就好像是一個裝了不淨物的袋子。這個如袋子般的身體裡面裝了一些不乾淨的東西：身體裡面的血、肉、骨頭、五臟、六腑、屎、尿等各種污垢。以上這些東西全裝在一個袋子裡面；換句話說，這個臭皮囊做成人的形狀，裡面盡是汙穢。

我們為了身體花費金錢與時間把它擦拭、打扮得漂漂亮亮的，但這似乎與人生的目的背道而馳了，「盼莫求好擦拭定日人」，就是這個意思。總之，對五蘊的身體要瞭解，它是不乾淨的、它是無常的、它是苦的、它是空的、它是無我的，這些要好好地去觀察思惟，才能降低對自己身體的愛欲。

7 親人如同幻相無諦實，盼斬傷感糾纏定日人。

所謂親人包括了親戚、朋友等。親朋好友如夢如幻，他們不是恆常存在的，他們是無常的，並非諦實的，所以稱之爲幻相。總之，親朋好友本身不是恆常堅固的存在，所以切莫執著，切莫有恆常想的過度執著。一切萬法都是無常，親朋好友當然也是；一切萬法都是空性、無我的，親朋好友當然也是。因此，切莫因爲親朋好友的苦樂而受影響，使自己內心也跟著傷感、苦樂，或忐忑不安。切莫讓自己陷溺在苦樂與傷感之中，切莫經常讓這些好的、壞的情緒糾纏住。更重要的是，內心切莫對親朋好友具有太強烈的貪念跟執著。

佛經裡記載佛陀開示無常的情況：「合最後就是分，生的最後就是死。」親朋好友能夠齊聚一堂，當然是「合」的狀態；但因爲無常的變化，最後終究是會分開的。凡是有「生」，最後一定會死亡；因此，對親朋好友，內心切莫有太強烈的傷感、執著的糾纏。

密勒日巴對世間的親朋好友，曾經這樣形容過：「子初悅意如天子，慈愍之心難形容，中間過分催索債，雖施一切無悅時。別人之女迎入內，大恩父母逐出外，父親呼喚不答覆，母親呼喚不應聲，後成冷淡之鄰居。勾結狡者造惡業，自生怨敵刺痛心，應斷輪迴之耙繩，世間子孫我不求。」

密勒日巴的開示，主要是說父母、親朋好友等，有很多無常變化，並非恆常同個樣子，時常中途變異。身爲子女的，有時把大恩父母趕出去，或父親叫喚不應聲，母親叫他也不理睬，本來是父母親或親朋好友，以後可能形同陌路，勾結狡詐的人造作惡業，彼此反目成仇，這種情況都可能發生。因此才說「斬斷傷感糾纏定日人」，對這些親朋好友，切莫有太多強烈的貪念、執著，否則會有許多難以預料的憂傷、苦惱來糾纏。

8 庄園如同牧民牧帳地，盼莫耽著貪戀定日人。

這偈子主要指對自己的土地、房子切莫有強烈的貪著、貪戀之心，爲什麼呢？後面用「牧民牧帳地」來做比喻，「牧民」是遊牧民族，逐水草而居的遊牧民族他們都是住帳棚，都是看哪裡有水草就遷移過去。「牧帳」是遊牧民族放牧的帳棚，他們逐水草而居，住在帳棚內，住的時間可能達兩、三個月之久，端看哪個地方有水草就遷移到那邊去，所以他不會永久住在同一地方。

一樣的道理，我們自己擁有的房子、土地，是不是永久會住在這裡呢？不是。可能我們這輩子換地方、搬家就好幾次；就算你始終都沒換，最終死亡時也是要離開住所。所以對自己的土地、房子，無論如何都切莫有強烈的貪著。《佛子行三十七頌》裡面有個句子：「常伴親友須別離，勤聚之財必捐棄，識客終離客舍身，捨世執戀佛子行。」就是提醒，對於自己的家庭、房子切莫有貪念跟執著，應當斷除這樣的念頭。

9 父母六道有情所共通，盼莫執己與我定日人。

「父母六道有情所共通」，六道有情共通都是我們的父母親。這句話怎麼解釋呢？因爲任何的有情眾生，也許這輩子是我的父母親，或者是上輩子是我的父母親，或者是上上輩子是我的父母親，無論如何，都曾當過我的父母親。所以說，六道有情共通都是我的父母親，也許現在、也許以前、也許未來。因此，一切眾生都是我的大恩父母親，所以對眾生不要區分我、他，產生遠近親疏、貪念、瞋恨的差別，切莫有這樣的想法。所以切莫「執己與我定日人」，首先要有平等捨念。

四無量心：慈、悲、喜、捨，即慈無量心、悲無量心、喜無量心、捨無量心。對如母的眾生應當先有平等捨的想法，把眾生區分成這些是我的親朋好友，我要愛他們、喜歡他們，把他們放在特別的這邊；然後又把眾生區分成這是仇人、敵人，是我最討厭的人，把他們放在另外一邊，對他們憤恨、生氣、爭鬥吵架；這麼去區別眾生是不好。因爲六道有情共通都是我的父母親，因此對眾生要有平等捨的想法。之後，繼續修持對待眾生都要具有平等的慈心、悲心、菩提心。無論如何，對待一切的眾生，都應該要有平等的心念。

譬如自己希望離苦得樂；同樣的，其他的眾生也是希望能離苦得樂。自己跟其他眾生想法都是一樣的；譬如我希望得到快樂，其他眾生也一樣希望得到快樂；我希望能夠免除痛苦，眾生同樣的也是希望能夠免除痛苦。那就表示自他眾生想法都是一致，因爲想法都一致，當我心裡想要得到快樂的時候，我去成辦、去追求快樂的時候，我也要了解其它眾生也希望得到快樂，所以就眾生的快樂而言，我也要去成辦、去幫助，讓眾生得到快樂，因爲人同此心、心同此理。

其次就痛苦而言，我希望能夠免除痛苦，眾生的內心一樣希望滅除痛苦、離開痛苦，就眾生的痛苦而言，我應該要盡量去幫助眾生，滅除眾生的痛苦。正如自己想要得到快樂，滅掉痛苦一樣，我也要幫助眾生，讓他們滅掉痛苦，得到快樂。如果能這樣子去做，就是菩薩行者。

10 生時之晨即出死記號，相續盼念無暇定日人。

在出生的時候，其實就出現死亡的記號了。因爲有生必定有死，生的最後就必定死。所以當生形成的時候，其實就預告死也形成了，將來必定會死亡。所以「生」的時候，「死」的記號就已經出現了，確實也是這樣。因此，內心裡切莫有一個恆常的執著，好像能夠活得很久，好像一切都不會改變一樣，這種想法就是常執——恆常的執著。從出生開始，其實就不是恆常的存在，每一年、每一日、每一小時、每一分鐘，都逐漸的走向死神的腳前。因此，切莫有永遠不會死，一直都恆常存在，這種常執的想法。

「相續盼念無暇定日人」，相續就是內心，意思是內心裡面應當要經常想到無常；無常隨時都會發生，應當常常思惟且提醒自己。常常想到無常，內心就會將生活重心努力擺放在修持佛法上，此生就會過得有意義，加上能夠修行佛法，下輩子就能夠脫離輪迴、得到解脫。能夠成就佛果，就靠現在好好地去努力。現在要努力好好地實修正法，內心要經常想到無常，切莫有恆常的執著，所以說「相續盼念無暇」。

「生時之晨即出死記號，相續盼念無暇定日人。」這裡主要講的是無常的變化。「無常」是隨時都會發生的，有些人心裡面會想：「年輕的時候辛苦、勞累，省吃儉用，等到我年紀老的時候，我才去享用它。」年老的時候你不一定能夠享用，也不一定能等到那個時候呢！有些人會這樣想：「對，實修佛法非常的重要，等我年紀老的時候，不需工作了，有時間了，再來好好地修行。」修行要趁早、當下就開始，不能等到下個月、明年，一天過了又一天。等到老的時候，輕鬆了，不需工作了，再好好去修，這種觀念是不對的。應當今天、現在、馬上，好好地努力學習佛法，因爲死亡無常隨時會發生。

11 無渙散而勤奮於正法，死後引道端矣定日人。

本偈前面是說應當經常思惟死亡無常，實修佛法不懈怠、不懶惰、不渙散。內心要專注於清淨，不胡思亂想；好好地勤修佛法、思惟死亡無常，專注於聞思修。如果能這樣，死亡之後，「死後引道端矣」，因爲在活著的時候努力實修佛法，死後會從正道的開端出發，也許投生到淨土，也許得到解脫，也許成就佛果；總之，死亡的時候，能夠拯救自己脫離痛苦，唯有依靠佛法的實修。所以「無渙散而勤奮於正法」，死後就能步行於正道坦途，「定日人」，你要這樣子去努力。

如果明天即將死亡，在死亡的那一刹那，即便是萬貫家財，一針一線也無法帶走。又例如像大將軍，權勢地位之高，同樣一兵一卒也無法帶走。親朋好友成千上百，一個也不會跟隨你。死亡的痛苦，屆時只有自己一個人承擔，寂寞孤獨地步向未知的下一世。到了下輩子當然什麼都帶不走，會有什麼跟著你呢？就只「業隨身」呀！

自己這一輩子，要懂得區分善業跟罪業；努力行善、去惡，唯一值得依靠的只有正法。「無渙散而勤奮於正法」，要好好地實修。這輩子經常累積資糧，不辭辛勞地幫助眾生，正如第一個偈頌談到的：「身口意三門努力於善業」，累積廣大的善業，此善業將會帶到來世，結出快樂的業果。未來享受妙樂，投生到淨土，乃至解脫成佛，皆靠現在勤奮修學正法。

12 業力異熟因果定真諦，至盼恥罪不善定日人。

「至盼恥罪不善」，對罪業、不善業產生羞恥之心。因爲業力異熟的因果，是確定的，是眞實不虛的。這是世間正見：「善有善報，惡有惡報」。不善業將結出痛苦的果報，善業則會結出快樂的果報，這是千眞萬確的事，因爲因果眞實不虛。因此，如果我將來要離苦得樂，就要謹愼了！對於罪業、不善業要感到羞恥，切莫去做，那麼將來就不會遭遇到痛苦。

業力果報的性質

佛陀曾經開示過業力的異熟果報，就是下輩子成熟出來的果。業力將來的異熟果報，不會成熟於泥土中，不會成熟於石頭上，是成熟在來世自己五蘊的身體上。

業的異熟果報，沒有做的不會遇到；已經做的，也不會消失，自己做的一定成熟在你自己身上，不會成熟在他人身上。所以想要離苦得樂，當然就要努力於行善去惡。內心對罪業、不善業感到羞恥。罪業、不善業就是我們一開始談到的，身、口、意三門造作的十種不善業。每天在生活中好好地反思，應該感到羞恥的便切莫去造作。

內心的煩惱當然要剷除；身、口二門的惡業，即使是極細微的也要努力避免。有些人對於巨大的罪業小心慬慎，具有羞恥心，不會去做；但是對於身、口二門細微的惡業，卻放逸、疏忽，不會感覺到羞恥。大的罪業要避開，小的罪業也是要謹愼防範，因為將來它一樣會引生出痛苦的果報。所以對於大、小罪業都一樣，應當要感到羞恥，切莫造作。

13 已作諸事如同夢境般，至盼無作勤修定日人。

這偈子主要是在談勝義諦，屬於較高深的佛法。「已作諸事如同夢境般」，講的是我們所做的事，指的是世間有為法，凡是人為造作、施設出來的都是有為法，它都如夢似幻一樣，不是恆常存在，也不是諦實成立的。有為法都是無常的。所以「已作諸事」的這些有為法，它都是無常的，像夢境一樣。這些有為法造作出來的善業，不能得到佛果，它只能使我們投生在天道、人道，成熟於輪迴裡的快樂。總之，單獨靠有為法的善業、有漏法的善業，想得到解脫、佛果是不可能的。

如果除了人間福報之外，想要進一步得到解脫、成就佛果，就要靠無為法的修行，所以「至盼無作勤修定日人」。在無為法、無漏的善業上，以甚深的空性、依於空性的道理上，如實地修行；在斷除我執方面，把煩惱的根本斬除。了悟空性的意義，安住在空性上禪修。這個「無作」——沒有任何的造作，指的是無為法，不是因緣製造出來的。在無爲法的空性上面努力去實修，譬如大手印、大圓滿的教法，靠著這樣的實修，才能得到解脫、成就佛果。《金剛經》云：「一切有爲法，如夢幻泡影，如露亦如電，應作如是觀。」

或者也可以這樣講，「已作諸事如同夢境般」是有漏的善業、有爲法的善業，如布施、持戒、精進，這些都應該努力去做，因爲這是累積有爲法的善業。但是這些有爲法的善業，進行的時候要配合空性的智慧，一定要了悟：「就勝義諦來講，它不是諦實成立的，它是空性的。」那就是後面「至盼無作勤修定日人」偈語的核心，「無作」是無爲法、空性，這部分也要努力去行持，這是勝義諦的空性部份。所以前面「已作諸事」是講大悲、方便支分的部分，「自盼無作」是講勝慧支分的部分，合起來說就是空、悲雙運的禪修，或是說方便跟勝慧的禪修，兩者不能偏廢。

14 於何心生耽著盼棄彼，任皆無必要矣定日人。

「於何」的「何」，是任何的對象。對於這個世俗當中任何的事情、任何的法，如果內心產生耽著的時候，就趕快捨棄這個耽著之心念。

這輩子的財物受用、權勢地位、或是親朋好友等，這些我們內心對它的貪著之心很強烈；但當死亡無常降臨時，這一切將離我遠去，全部都得放下；因此，「任皆無必要矣」，這些實在不是非常有必要的。對於自己的財富受用、權勢地位、名氣、親朋好友，切莫有強烈的貪念、耽著，應該把貪念、耽著捨棄，因執著會讓我們生起煩惱、罣礙，會障礙到我們投生淨土。此偈語正如《佛子行三十七頌》云：「煩惱串習難對治，覺智之士正念持，貪瞋癡心初萌起，即時摧滅佛子行。」

15 於此世間未久安住故，盼即準備行囊定日人。

「於此世間未久安住」，我們此生不會永遠停留在這個世間。無常隨時都會降臨，也許明天、也許後天、也許是下一刻，無常都隨時可能發生。現在就要為來世做準備，所以尊者開示「盼即準備行囊定日人」！

「盼即準備行囊」，現在的人喜歡旅遊，雖然出國一個月、十天、一個禮拜，出去要帶很多的東西，花很多時間準備，但為了自己出國那幾天，都會準備行囊。同樣，下輩子的時間可能是數十年、百年，相對是比較長久的時間，所以應該要花更多的心血去做準備。而應如何準備行囊呢？想一想，死亡後的下輩子，後世的百年光陰，能夠救渡我們的是誰呢？唯有三寶、上師能夠成辦。對於後世會有助益的是什麼呢？是善業、正法。

16 林內猴猻心想安樂矣，林外烈火周匝定日人。

這個偈頌是一個譬喻。譬如有一座外圍火燒得很猛烈的森林，但是住在森林裡面的猴子根本不知道外面著火了，依然還很快樂地在森林裡面的樹間跳上跳下，嬉鬧找東西吃，生活放逸安樂；而最終，猴子們終會被烈火燒死。我們眾生正如猴子一樣，猴子比喻的是渾渾噩噩的眾生，不了解無常是隨時會發生的；森林比喻的是輪迴，我們現在都掉在輪迴的漩渦之中，在裡面流轉；烈火指的是輪迴的生老病死痛苦。

就眾生而言，生老病死的苦逼還未發生的時候，自己並不知道有這些危機存在，在此情形下，雖然身陷輪迴裡卻依然陶醉不已，每天都很快樂就像前面談到的猴子一樣，四周有熊熊烈火威脅著；只是還沒燒到，自己跟猴子一樣也很快樂，沒有一丁點的危機意識。輪迴的眾生陷溺在輪迴裡面，有輪迴必定有生老病死的痛苦，雖然還沒有遇到，依然很快樂地生活著，這是愚昧無知的喜悅，在將來的某一天，生老病死一定會來到，誰也躲不掉。每個人都要思惟：「生老病死總是會遇到的」，應該對於輪迴生老病死的痛苦好好地思惟，生起正確的認知，生起脫離輪迴的出離心——在內心希求「解脫想」——我要得到解脫。

當有了出離心、有求「解脫想」之後，得到解脫要靠什麼方法呢？靠的就是佛法。在佛法上善加精進，好好地聞、思、修，希望因努力修行的緣故，把生老病死的痛苦、輪迴的持續力斬斷。

17 生老病死大河無灘橋，舟船已備妥否定日人？

生老病死的大河比喻輪迴，生老病死是輪迴裡面的痛苦。輪迴本身像大海一樣，大海無邊無際也無底，是廣大遼闊無邊的。「無灘橋」，「灘」是淺灘，就像一般的河流，它有淺灘，走路就可以過去；或是河雖然很大，但它有橋，走過去也可以。然而現在不是，就輪迴而言，像是沒有淺灘、也沒有橋的大海。輪迴裡面有生老病死，而且它沒有淺灘，可讓我走過去；上面也沒有橋，無法涉水而過，那我要靠什麼才能安然渡過呢？要靠船舶。靠著船就可以渡到彼岸，上岸到陸地，所以如果要渡過輪迴生死海，就要搭乘「舟船」，那這舟船是什麼呢？就是佛法。如果依靠佛法的船，我就能橫渡輪迴海，到達解脫的對岸、成就佛果。

尊者問：「舟船已備妥否定日人？」如果你要渡過大海，靠的是船；如果你要解脫成佛，靠的是正法。

四聖諦的因與果

這偈子裡面談到了四聖諦的內容。佛陀在瓦拉那西的鹿野苑初轉法輪時，談到四聖諦的開示：「苦諦是應當要知道的，集諦是應當要斷除的，道諦是應當要去依止的，滅諦是應當要去得到的。」

佛開示的四聖諦裡面有兩類型，即輪迴與解脫的部分。輪迴的部分有兩項：因跟果；解脫的部分也有因跟果兩項。

輪迴的因是業力跟煩惱，業力跟煩惱稱之爲集諦，集諦是輪迴的「能生因」——能形成的條件。之後由「能生因」所衍生出來的果，就是苦諦——輪迴的苦諦，這個是輪迴的因跟果的部分。

解脫的因跟果部分，滅諦就是解脫，就是果。如果我要得到這個果，當然要靠因，因是道諦，道諦就是這裡所談到的舟——實修的道路。靠著這個實修的道路，即是道諦本身，就能得到解脫的果，就能得到滅諦。如果沒有得到解脫的果，就仍陷溺在生老病死的輪迴痛苦大海之中，這原因就是業力跟煩惱造成的。

18 生死中陰守候險關處，五毒土匪再再嚴佈陣，至盼尋師護送定日人。

生死中陰有三個階段：我們現在是「生」的階段，將來會遇到「死亡」，死亡到下輩子的中間是「中陰」。後面的「守候險關處」是比喻，在生、死還有中陰，就好像是一個險要的關口，上面有人把守著，就如同土匪守候在險要的關口上。土匪指的是五毒——貪念、瞋恨、愚痴、傲慢、嫉妒。五毒好像土匪一樣，「再再嚴佈陣」，再三的守候在險要的關口上，在這地方要進行搶奪，要搶奪我們的什麼呢？我們的善根、資糧跟解脫，這些會被五毒的煩惱破壞掉。因此，當我通過生死中陰的時候，在關隘上面守候的五毒土匪，再三要來傷害我，要來搶奪我的善根、資糧跟解脫的時候，沒關係，我依靠一個大力士來保護，所以就算我行經的地方再如何險惡，我也無所畏懼。大力士是誰呢？「至盼尋師護送定日人」，就像大力士能夠好好地保護我們一樣，上師、善知識就是我們的大力士，要好好地依止上師、善知識。

五毒的傷害與對治

在我們生、死、中陰的三個階段裡，如果內心產生五毒的煩惱，善根、資糧、解脫，這些都會被破壞掉。所以在生死中陰的時候，想要把五毒滅掉，不要被土匪傷害，要怎麼做呢？要靠上師、善知識。但是這個還不夠，上師、善知識所開示的正法，要努力地去聞、思、修。如果能這樣做，要滅除內心的五毒，就很容易了。

「五毒土匪再再嚴佈陣」，如果我們內心有五毒煩惱時，自己的善根財富會被破壞掉，那麼解脫的命脈也會被破壞掉。不僅如此，假設內心有煩惱，產生五毒，自己這一輩子的快樂、幸福也會消失，內心不會喜樂。所以，內心產生煩惱只會給我們帶來痛苦。

針對煩惱帶來傷害這一點，巴珠仁波切特別做了開示：「我慢者無高興時，嫉妒者無喜悅時，貪念者無滿足時，瞋恨者無和睦時，慳吝者無富有時，愚痴者無成就時，擾亂心無和平時。」

「我慢者無高興時」，如果他非常的驕傲，內心我慢很強烈，別人不管對他怎麼恭敬他都不快樂，因爲他傲慢心很強烈。所以我慢的人內心不會有高興的時候，沒有辦法使他高興。

「嫉妒者無喜悅時」，內心時刻都在嫉妒別人，對別人的名利財富易產生嫉妒之心，這種嫉妒心強烈的人不管什麼時候，內心都不會喜悅，想要看到他面露微笑的時候，這種機會根本微乎其爲。

「貪念者無滿足時」，內心貪念很強烈的話，不管有多少資財都嫌不夠。我們說少欲知足能獲大利益，他不會這樣想，不管他擁有多少財富，即使已富甲天下了，還是嫌不夠、永遠都不會滿足。

「瞋恨者無和睦時」，瞋恨者經常都處於憤怒的情緒之下，任何時候不管跟誰，都不會有和睦相處的時候，他的內心隨時都在瞋恨他人，把對方當成仇敵。

「慳吝者無富有時」，小氣、慳吝的人，他永遠都不會有滿足的時候，因爲永遠無法滿足，所以心中永遠有所匱乏，內心非常貧困。

「愚痴者無成就時」，愚痴就是愚笨。因爲愚笨無知，在佛法上面不但不會有成就，在世間功名利祿上也不會有成就的時候。

「擾亂心無和平時」，內心忐忑不安，經常胡思亂想，把事情想得非常複雜，內心是不會有寧靜的時候。

為什麼把貪念、瞋恨、愚痴、傲慢、嫉妒稱為五毒呢？假設我們服了毒藥，當然會有很大的痛苦、肚破腸流而死，要不然就是遺留巨大的身心傷害。五毒煩惱對我們下輩子、這輩子也會造成傷害，在我們的身、心方面都無法帶給我們快樂，只會給我們帶來痛苦，所以用「毒」來形容它們，「毒」是種比喻。

了解五毒煩惱的為害是這麼劇烈的，所以自己一定要下定決心除掉。但是要把煩惱滅掉，當然一定要有對付的力量才行。對付的力量在佛法上稱之為「對治」。煩惱的對治是要靠正法，而正法是要靠善知識的教導才有辦法得到。

這裡談到「至盼尋師護送定日人」，講的就是依止善知識，所以想要把煩惱滅掉，要靠對治。怎麼對治呢？這要靠善知識來指導。最重要的是依止善知識。

19 定無欺誑皈處即上師，無離盼能頂戴定日人。

這裡所談的，在輪迴大海裡面，能夠救渡我們的，肯定不會欺瞞我們，確確實實來救渡我們的那個人是誰呢？就是上師、善知識。因此，平常要依止上師、善知識，對於上師的教法，應當聞、思、修，好好努力地去實修。所以說「無離盼能頂戴定日人」，就我們而言，大家都希望能夠得到快樂、免除痛苦，這一點大家的想法都一樣。要離開痛苦、得到快樂當然有方法，這方法是什麼呢？就是佛法。爲什麼？原因何在？因爲靠著佛法的修持，能逐步將我們的煩惱及內心的我執逐漸消除，如果把煩惱、我執消除的話，由我執及煩惱所生出、造作的不善業就沒有了，之後就能夠得到解脫，得到一切智的佛果。

如果得到解脫、一切智的佛果，生老病死等一切的痛苦，這些都會斷除了，不僅如此，業力煩惱也沒有了。總而言之，徹底脫離業力、煩惱因，果的痛苦部分也全部都能脫離，這就稱之爲「解脫」。所以「解脫」的意思，是指把這個生死的續流完全斬斷，然後徹底離開業力跟煩惱；在這種情況之下得到的安樂，就是究竟的安樂、永久的安樂；因此要得到這種安樂、這種解脫，要依靠誰的開示呢？就是上師、善知識。

20 若師護送定抵欲往處，至盼勝解敬彼定日人。

自己有一個目標想要前往，如果是上師護送我、引導我，這個希望就能夠實現，想要去的地方一定可以到達，所以說「若師護送定抵欲往處」。因此，上師非常重要，對於上師要有強烈的信心、恭敬、勝解，應當如此來侍奉上師、依止上師。所以後面談到「至盼勝解敬彼定日人。」

「若師護送定抵欲往處」，那要到什麼地方去呢？「欲往處」，是我們想要去的地方——是解脫的果位、或是淨土、或是佛果，靠著上師護送就可以到達。爲什麼我想要去這些地方呢？因爲前面談到，如果到達了，一切痛苦就可以徹底斷除，而且得到永恆、究竟的安樂，這個應當視爲我想要去的主要目標。

目標的三士道

如果配合三士道來做說明「欲往處」，在暫時方面，就是天人安樂的果位；其次，中士的道路而言，就是脫離輪迴所得到的解脫；如果配合上士道路，就是究竟的目標，究竟的果位就是佛果。這些靠著上師的護送、攝受，都是可以到達的。

首要目標需脫離三惡道、投生在天人的果位；之後不僅是要脫離三惡道，還要脫離六道輪迴的處所；脫離輪迴而得到解脫後，還要再進一步，不只是希求個人解脫，甚至希望所有眾生得到解脫、得到究竟圓滿的佛果。能夠幫助我達到這個解脫目標，指示這個道路者，那就是上師、善知識。

上師護送的意義和方法

我們這裡談到的「護送」要從佛法來理解。這裡的意思是指上師開示的教法，所說的是解脫的方式、道路。自己在上師的尊前聽聞教法之後，努力地做聞、思、修，在這個道路上修行，透過努力的實修，當然就能夠投生在天人善道，或者能夠脫離輪迴，甚至獲得究竟圓滿的佛果，要達成以上這些目標就要透過上師的「護送」。

在佛經裡佛陀開示：「我示解脫道，解脫依於汝。」釋迦牟尼佛說：我僅僅只是講解解脫的道路，可是解脫要靠你自己。佛利益眾生、救渡眾生的方法是甚麼？就是講解解脫道及方法，弟子要根據所開示的方法去聞、思、修，之後就能夠得到解脫。所以弟子能不能得到解脫，完全掌握在自己的手中，身爲弟子的自己要去實踐，不是佛的責任。

跟上面佛經開示的一樣，這裡談到「上師護送」，也是這樣解釋。不是說靠著上師的大悲加持，好像拉著上師的手，一把就可以把弟子像拋球一樣丟到淨土。那麼方法是什麼呢？方法就是上師開示的教法——依靠這個教法所指出的道路，自己按照這個方法努力聞、思、修，確實走在這條道路上面，就能脫離一切的痛苦，投生淨土、得到解脫、得到佛果，這才是上師護送的眞正意義。

我們平常談到醫生治病，醫生本身能不能治病呢？當然不能。我們看病痊癒不是靠醫生，那醫生做什麼事情呢？我們去給醫生看病，醫生會給藥，他會提醒日常生活裡面該注意的，什麼可以吃，什麼不可以吃，會講解得很清楚，按照叮囑的方式去做，病就容易痊癒，我們會說醫生把病治好了。但是假設醫生也看過了、症狀也診斷了，藥也給了，可是病人並沒有照著做，那麼他的病會不會好呢？當然不會，因爲他沒有按時吃藥，沒有照著醫生的建議的去做。

一樣的道理，佛法也是如此。佛陀、上師、善知識指示了道路，就像藥一樣，能把煩惱痛苦都完全滅掉的方法，就是佛法，要靠自己努力地去聞、思、修，這樣煩惱痛苦才可以滅掉。

對待上師的態度

「至盼勝解敬彼定日人」，「彼」就是上師、善知識，就是前面談到「若師護送」的師。「盼勝解敬彼」，對於上師、善知識，弟子要有恭敬勝解之心，能按照上師開示的佛法，努力聞、思、修。這裡談到勝解恭敬，因爲倘若對上師、善知識內心產生勝解恭敬，則上師所開示的教法，在內心產生信心，就會努力去實修。上師所開示善惡取捨的關鍵內容，能努力去實修，解脫成佛就有望了。因此勝解恭敬至爲重要。

在佛法的修持上，要證悟內心的實相，譬如大手印等，需要在內心產生其中一個要素就是對上師要有強烈的勝解恭敬心。大手印禪修開示就談到：「禪修的腳就是斷除執著貪念，禪修的頭就是勝解恭敬。」一個人有腳就可以走路，有頭就有生命。所以勝解恭敬是至為重要的。

巴珠仁波切在《普賢上師言教》談到：「假設對上師、善知識，對於諸佛，我們內心有上等的恭敬勝解之心，就能得到諸佛、上師的上等加持進入自己的內心。同樣的，如果自己內心的恭敬勝解是中等，所得到的加持也是中等的。如果自己的內心所產生的勝解恭敬心是下等的，那麼進入到內心的上師、諸佛菩薩加持，也是下等的。假設自己內心對上師三寶，無絲毫恭敬、信心，當然也不會有任何的加持進入自己的內心。」所以自己能夠得到多少加持，完全取決於自己的信心、恭敬心。

有位弟子來拜見上師阿底峽尊者，提出一個請求：「上師啊！請你賜給我加持。」阿底峽尊者開示：「弟子啊！請你生起虔誠恭敬心。」這個偈子談到，弟子內心要得到上師加持，其實最主要的善緣、條件，是靠弟子內心的恭敬跟虔誠的信心。假設內心完全沒有信心，當然加持的力量也就不會進入內心。

蓮花生大士在西藏住了一段時間，他將要離開的時候，國王和蓮師的弟子們，內心都非常的難過，對蓮師誠懇的祈請。那時蓮師開示：「有虔誠的信心者，我不會離開他們，我會降臨在他的面前。」意思是任何一位對蓮師有信心的人，蓮師都會降臨在他

20 若師護送定抵欲往處，至盼勝解敬彼定日人。

面前，賜予他灌頂跟加持；因此，蓮師叮嚀弟子切莫難過。所以，上師、三寶的加持成就，是否會進入自己的內心與否，是靠弟子對上師的虔敬信心來決定的。

勝解恭敬非常的重要，在佛經裡面，佛陀也曾經開示過：「何人誠作意，能仁現彼前，賜灌頂加持。」凡是勝解恭敬，作意、思惟佛的人，佛就安住在他面前，賜予他加持，任何眾生都是如此的。因此，佛陀在佛經裡面開示要得到加持，主要是靠自己的內心、信心和恭敬之心。

21 誰有錢財彼即有慳吝，至盼無偏布施定日人。

一般而言，大家都希望財物受用越多越好；不過，當他的錢財越來越多時，他的慳吝之心也會越來越強；所以說「誰有錢財彼即有慳吝」就是這個意思。因此，在有財富受用的情況之下，可能要注意，在能夠滿足生活基本條件的情況下，剩下的財物要好好地運用。很多人在滿足生活條件之後，錢財在吃喝玩樂之下浪費掉了，切莫這樣做。切莫有慳吝之心，對於孤苦貧窮、弱小無助者，應當好好地布施，幫助他們。所以說「至盼無偏布施定日人」。

布施的本質是「能捨之心」。在《入菩薩行論》中這方面的開示很多，也提到布施的本質就是「能捨之心」。因此，當對其他的眾生「布施」的時候，要能產生出「能捨之心」。這「能捨之心」，就是「慳吝」的對治。由此可見，布施並不是布施的物品大或小、錢財的多或少，布施的關鍵主要在自己對眾生產生慈悲心、有利他的想法，希

21 誰有錢財彼即有慳吝，至盼無偏布施定日人。

望能夠幫助他，讓他排除生活上的苦勞、飢餓、困難等。我給他錢財、物品，帶有一顆「能捨之心」，具有「能捨之心」才稱得上是布施。

22

誰有權勢彼即有罪業，盼棄專橫求權定日人。

一般來講，在擁有很大的權勢之後，就會變得較蠻橫，因此造作罪業的機會就會越來越多，所以才會談到「誰有權勢彼即有罪業」。假設是佛法的修行者，對霸道、權勢切莫去重視、切莫去追求，所以「盼棄專橫求權定日人」。為什麼不要去追求這些大的權勢呢？這個偈頌說，因為權勢越大，造作的不善業就越多，因此對專橫求取權勢的心，應該要捨棄掉。

權勢地位的兩面

在社會上，確實是這樣，「誰有權勢彼即有罪業」，在家庭裡面，在團體裡面，在國家裡面，某個人的權勢、權力很大，就會變得蠻橫無理，這是因為權勢大，帶給他貪念、瞋恨、愚痴的煩惱就變得強烈，還有他的身、口、意三門的行爲、造作的罪業也會變多。他有權勢，做什麼都方便、容易，之後團體、國家的紛爭就因此而出現了。觀察社會、團體、國家裡面，確實是常有這樣的情形發生。

在社會上爲了得到權勢，會有很多競爭，競爭最後的目的，就是要得到權勢。爲了求取權勢而進行競爭時，內心大多會湧現貪、瞋、痴，其手段造作了很多罪業。

西藏有句俗話：「你去地獄先得官爺身。」當你要投生到地獄之前，你會先去做官。這句話的意思是，因爲當官會有權勢，當他權勢大的時候，所做的事情，常是打擊別人，爲求使自己得到利益；這中間的競爭、紛爭，目的就是要讓自己的權勢、地位越來越高；所以就造作了許多的罪業。眼前我們看到很多的例子，像貪官仗著官位權勢私吞百姓的錢、土地，這種事很多。在這個情況之下，來世就投生到地獄去了。所以西藏的俗語說：你到地獄的門前，先變成官老爺。

雖然社會上有些貪官汙吏，但是也有很多好官。有些官員是菩薩來投胎轉世，成爲品行端正的帝王、官員，關心社會及百姓，這種情況古往今來都有的。

譬如印度阿育國王，是當時印度權勢最大的國王，他在位的時候，對整個國家、百姓，及佛法的宏揚，助益非常的大。西藏也有祖孫三代——松贊干布國王、赤松德贊國王、赤熱巴堅（又名赤祖德贊）國王的時代，對佛法發揚的貢獻極大。當時西藏在這三位國王的領導之下，對百姓、社會也是付出極大的心力與貢獻。在中國歷代的皇帝裡，好的皇帝也不少，對整個國家社會的貢獻也很大。

現在的時代也有很多的官員具有菩薩心腸，關心社會、百姓，經常思考如何利益大眾。因此，這裡談到「誰有權勢彼即有罪業，盼棄專橫求權定日人。」這是指一般世間人。但就出世間的修行者而言，內心切莫對權勢太過於希求。萬一自己有很大的權勢時，就應當要好好地運用它，切莫陷溺、迷失在裡面，要能好好地去運用現有的職權、地位，盡量幫助人民。

印度阿育王，他傾皇室的財力建造了千萬座佛塔。至今印度有很多的古蹟聖地，一看就知道是屬於佛教的，因為阿育王在很多地方豎立了石碑，石碑上面刻有銘文，講述聖地的事蹟，我們後人才得以靠此文字知曉古蹟的原由。印度在阿育王的時代，使佛教在印度各地發揚光大，阿育王對佛法的貢獻極大。

在西藏的赤熱巴堅國王也是這樣，他綁頭髮的帶子，是綾羅綢緞製的，帶子的兩端很長，披鋪在地上，讓僧眾能夠坐在上面，這用意是表示頂戴僧眾的意思，不是說僧眾坐在他的頭上，而是為了表示對僧眾的恭敬。他是一位國王，有很高的權勢地位，卻運用權勢做了利益眾生的偉大事蹟。

中國也是如此，我們現在能夠拜讀《龍藏經》，是因爲當時中國清聖祖康熙皇帝命令，迎請西藏的上師，用金銀寫成西藏的《大藏經》，現在我們才能再見到。所以身爲國王，權勢地位很高，但是如果能夠運用他的權勢、地位來照顧百姓，又能夠宏揚佛法，就能利益更多人。

23 專橫多財之人無安樂，胸前盼攏十指定日人。

專橫、多財的人沒有快樂可言。一般來講，蠻橫的人，霸道的人，財富雖很多但他的快樂就沒有那麼多了。五妙欲的享樂越多，地位越高，財富受用越大，這個人內心的貪、瞋、痴煩惱就會漸漸熾盛，不會快樂。而且在社會中，因爲他的專橫無理，喜歡跟別人吵架、計較，在這種情況之下，造作了很多罪業，如果罪業越來越多，痛苦也就越來越多。

一般人的想法認爲：「因爲我沒有錢，所以我有很多的痛苦；他這麼有錢，他一定沒有痛苦。」——沒權勢、沒地位，所以才會遇到很多的痛苦；有權勢、地位、財富，就應該沒有什麼痛苦。其實不是如此。財富越多、權勢越高的話，他的痛苦反而會越來越多。往往在財富、權勢越多的情況之下，他內心的煩惱——貪、瞋、痴容易熾盛，由此引生出越多的痛苦，所以才會說「專橫多財之人無安樂」。

「胸前盼攏十指定日人」，即要少欲知足，手指聚攏起來，切莫抓取太多。對於財富、權勢、地位切莫拚命抓取、看得太重，少欲知足會比較好。

24 後世處所親友實鮮少，至盼心託於法定日人。

來世還會有親朋好友嗎？也許沒有。那要依靠什麼呢？最好的依靠就是佛法。所以「至盼心託於法定日人」，佛法才是我們最好的親朋好友，將內心託付於佛法，趨向於佛法，對佛法產生信心，這是非常重要的。我們這輩子的心，而且還有下輩子，仍要將心寄託於佛法上，對佛法產生信心，在佛法上努力精進修持。

25 渙散路上目標一團亂，盼即下定決心定日人。

在許多人的生活中，心裡面所想的就是的工作、生活、吃喝玩樂、五妙欲的享樂，除此之外，對於究竟快樂的追求與目標，卻從沒有想過。在一團混亂之下，渾渾噩噩過完了這一生。

「盼即下定決心定日人」，「即」是馬上，希望馬上下定決心。應當要下定決心在永久的目標上面，決心得到解脫、成佛、對輪迴產生出離心、對解脫產生熱切的希求想，現在就要產生。對佛法產生希求，努力地修持，現在就要做。盼「即」是馬上，這個「盼」是督促之意，鼓勵的意思，希望要這樣做。我們看到偈頌裡很多都有「盼」，就是希望你要這樣做，鼓勵你要這樣做。

生命的價值——吃喝玩樂過一生？

談到生命的價值，許多人這一輩子，都努力將生命耗費於工作之上，追求此生的財富受用，例如：財富、衣服、食物的享受，把賺錢享樂當作目標，就這樣過了一生。如果是這樣的人生，其實跟動物沒有太大的差別。動物打從出娘胎開始，也是盡了很大的努力，才能勉強尋覓到每天足夠的食物，幾乎每天都這樣，這樣子過了每一天、一月、一年，就耗盡了牠的一生，整個生命的價值，就只是每天謀求食物，沒其他物欲以外的事。

假設我們也是複製這種情況，一輩子都忙碌於溫飽、衣食，用盡心力享樂過一生，到了死亡的時候，回想起自己的一生，會發覺跟動物沒什麼兩樣。我這輩子到底留下什麼？我有達到什麼精神目標嗎？有什麼成就嗎？似乎什麼也都沒有留下來。

「盼即下定決心定日人」，不是只有謀求物質享樂過一輩子，在生命的進行當下要停下來想一想，除了在工作、衣服、食物之外，花些時間反思：我下輩子究竟的目標，解脫成佛的部分，應該好好地下定決心，幫自己設定究竟的目標。

我們要去瞭解生命的價值，想辦法努力達成生命的價值。給自己找到生命的目標，否則就「渙散路上目標一團亂」，過了自己的一輩子。生命的價值應該要放在後世永久的安樂、究竟的解脫成就佛果，把此當作永久的目標，了解後要馬上下定決心，「盼即下定決心定日人」，下定決心把解脫、成佛當作是最重要的目標。

關於這個內容在《入菩薩行論》裡面，寂天菩薩也曾經開示過：「因吾不了知，死時捨一切，故爲親與仇，造作諸罪業，仇敵化虛無，諸親亦煙滅，吾身必死亡，一切終歸無，人生如夢幻，無論何事物，受已成念境，往事不復見，復次於此生，親仇半已逝，造罪苦果報，點滴候在前。」這裡是說，到了某一天，我們死亡的那一刻，自己這輩子的親朋好友、家人、財富受用、土地房子……，不管有多少，到了死亡的那一刻，全部都要捨棄。但是現在活著的時候，自己並不知道這一點，「因吾不了知，死時捨一切」，在不了解的情況之下，就扶親滅敵——對親朋好友，就幫助他、照顧他；對討厭的人、敵對的人就產生瞋恨，想去消滅他、打擊他；在這過程當中造作了很多罪業。到了某一天，「諸親亦煙滅」，親朋好友都漸漸的死亡了，「仇敵化虛無」，仇敵也一樣逐漸凋零，最後自己也步上後塵。所以到那個時候，「一切終歸無」，全部都沒有了，親朋好友、仇敵，連自己全部都不存在。世俗的事情就是這樣，所以「人生如夢幻」，在死亡的那一刻，回想自己這輩子所做的事情，得到的財物，好像昨天的一場大夢，所以

「無論何事物，受已成念境」，不管得到多少，都將成爲夢境，回憶起來，好像做了場夢一樣。「往事不復見」，除此之外沒有什麼可以抓得住，死的時候什麼都帶不走。可是「復次於此生，親仇半已逝，造罪苦果報，點滴候在前。」在活著的時候，不知道這一切終歸是要消失的，爲了幫助親人，爲了滅掉敵人，自己造作了很多的罪業，這個罪業在死亡的時候，果報會一一浮現，點點滴滴都等在自己的前面，終究自己要去面對、承受。

26 死神大魔不定何時來，至盼時時警覺定日人。

死神什麼時候會降臨？死亡什麼時候會發生？也許明天、也許明年、也許下個月、也許好幾年之後；不管如何，死亡是必定會發生的，但死無定期，什麼時候會發生？那就無法得知了，因為發生時間是無法預警的，所以應當要「時時警覺」，時常要內心憶念死亡無常，經常提醒自己隨時做好準備。

不管是誰都不喜歡死亡，僅僅只是聽到「死亡」這個名詞，就認為會帶來不祥，內心就不舒服。我們心裡的想法總是這樣，把「死亡」當作是害怕的對象。不過，怕也好，不怕也好，總是必定會死亡，死亡是必然發生的。因此，就行者而言，要了解這一點，經常為死亡做準備，內心要經常憶念「死亡無常」，時常提醒自己，好好地為死亡做準備，所以尊者囑咐「時時警覺定日人」。

密勒日巴尊者曾經開示：「我因為怕死亡而前往深山，在深山中把死無定期再三的觀修，因觀修而得到證悟，所以我現在不怕死亡，死的時候也會高興、不會後悔！」像密勒日巴尊者的開示一樣，內心害怕死亡的話，先要好好地觀修死無定期，時常反覆練習觀修死亡無常。

因爲害怕死亡隨時會發生，而觀修死亡無常，對我們最有幫助的就是佛法的訣竅；常常觀修死亡無常，慢慢地就會了解到所謂的「死亡」等生老病死是每一個人都無法逃避的，這是一個過程，是一個自然的定律。大家都會遇到，既然是自然現象，就切莫對死亡產生害怕、逃避；而且逃也無用，因爲一定會發生。學習坦然面對死亡，接受死亡，了解死亡終究會發生，因爲是生命自然的現象，因此就能坦然的接受。

能坦然的接受死亡與否，就要看平時修行的功力了——有上等、中等、下等。如果是上等修行者，死亡的時候是高高興興的；如果是下等的，至少也能了無遺憾。在即將死亡的時刻想想，會產生後悔的，是這輩子造作很多的罪業。所以，這輩子要馬上立誓，惡業的行爲切莫做；不僅如此，對於善業、幫助眾生等善良的行爲，這些好事要努力去做；如此，在面對死亡的那時，自己就不會有遺憾。

上等修行者，在死亡將近的時候會高興，因爲是法身出現的時候，能證悟法身，就能成就佛果。這是死亡法身爲道的口訣，所以，上等禪修士在死亡的那一刻，知道自己可以投生到西方極樂世界；或者進入中陰的時候，有中陰報身為道的禪修方式；或者在死亡的那一刻，也有死亡法身為道的禪修方式。有三身為道的禪修方式，因此在死亡的那一刻是法喜充滿的。能夠投生在西方極樂淨土，或是能夠在法身的本質上成就佛果，或在報身的本質上成就佛果，這些口訣平常若能好好地實修，就是上等的禪修士。

27 死日清晨任誰未能助，至盼己能獨立定日人。

如果明天即將死亡，在死亡的那一刻，不僅父母無法幫助我們，而且所有的親朋好友也都無法幫助我們，所擁有的財富、權勢、地位都無有益處。這些在今世的生活中可能有一些些幫助，但是在死亡的那一刻起，全部都沒有任何作用。因此，「至盼己能獨立定日人」，所以在還未死亡之前，即刻起自己要能夠獨立，靠現在好好地去準備。

28 若思死亡任皆無必要，至盼衷心憶念定日人。

要發自內心深處來思惟佛法、憶念佛法，因爲「若思死亡任皆無必要」。在前面談到，面對死亡的那一刻，這輩子所做過的事，財富、地位都不能發生效用。除了佛法以外，任何其它事物都不會有幫助，都沒有什麼用處。這一點如果能了解，就會發現這些財富、權勢、地位等等，實在是沒有什麼必要。

「至盼衷心憶念定日人」，心裡要經常想到死亡無常，對死亡無常有幫助的就是佛法，所以佛陀也曾經開示：「若多修無常，已供養諸佛；若多修無常，得諸佛安慰；若多修無常，得諸佛授記；若多修無常，得諸佛加持。」如果好好修持無常，就是供養諸佛，是最好的供養；時常修無常，就會得到佛來安慰你、照顧你；如果好好地修無常，就會得到佛的授記；好好地修無常，容易得到佛的加持。

內心時常憶念死亡無常是非常重要的。因爲憶念死亡無常，能夠累積廣大的福德資糧，在《毗奈耶經》佛陀曾經開示：「我之眷屬中，猶如妙瓶者，比丘舍利子，及目犍連等，如是百人，供齋與供物，不如一剎那，憶念有爲法，爲無常殊勝。」在眷屬裡面像殊勝寶瓶一樣的，就是舍利子及目鍵連，如果說像舍利子及目犍連這樣殊勝的弟子有一百人，我對他供齋、錢財及物品，還不如一剎那好好思惟有爲法是無常，這樣的思惟還比較殊勝。

死亡無常觀修非常的重要，頗多瓦是噶當派的大師。有一位在家弟子，問他一個問題：「上師開示的佛法很多，我聽聞的佛法也很多，要修學的佛法更多；可是，我如果只要修一個法，應該修什麼是最重要呢？」這時頗多瓦大師開示：「如果要專修一個法，那就專修憶念死亡無常。」

觀修死亡無常三階段

憶念「死亡無常」非常的重要，重要的原因是一開始可以做爲進入佛法的開端，中間可以當作鞭策修行的助緣，最後會幫助我們證悟萬法的空性。所以初、中、後階段，憶念死亡無常都非常有幫助。

在最初的階段憶念死亡無常，一想到死亡無常，就想到死時諸法無用；由於害怕死亡，才會想到唯有佛法才有幫助；因此會促使我們親近佛法來修行，這是最初的階段。

在中間的階段，思惟死亡無常隨時會發生，因此在這個階段會努力精進，勤奮實修。中間的助緣就是憶念死亡無常。

最後的階段，經過不斷禪修會證悟粗分的無常；由粗分的無常，進一步會證悟細分的無常；證悟細分的無常，再進一步就會證悟萬法沒有諦實成立。在沒有諦實成立的情況下，能夠證悟緣起的法則——這就是空性的內容，因此最後的階段，能夠幫助我們證悟空性。粗分的無常就是生老病死；細分的無常是剎那生滅，每一個剎那的生跟滅，是細分的無常。了悟一切有為法，剎那生生滅滅的情況。一切萬法的生滅，當然靠因緣條件才會生滅，所以了悟細分無常，也會了悟萬法的緣起，由緣起集合而形成；在緣起集合而成的情況之下，萬法剎那生滅，當有這種了悟的時候，也就了悟萬法的自性不能夠獨自成立。由緣起形成的法，剎那生生滅滅，這個時候就會證悟萬法的無分別、平等性、萬法的空性。

憶念死亡無常的功德利益

●對於輪迴

憶念死亡無常有很多的功德利益。觀修死亡無常，最初是斷除對此世貪念、執著的原因，中間是做爲捨棄貪念輪迴的助緣，最後是幫助我們進入涅槃的道路而斷除輪迴。

●對於佛法修行

觀修死亡無常，最初是使我們對佛法產生信心的原因；中間是助緣，讓我們能精進地去實修；最後是助伴，使我們能產生勝慧的證悟。其次，如果好好地觀修死亡無常，在我們內心裡面能夠產生什麼呢？最初能讓我們希求佛法。希求佛法的原因，就靠死亡無常的禪修；中間可以當作我們努力禪修的助緣；最後是幫助我們證悟法性。

●對於修行精進

如果好好地觀修死亡無常，首先在內心裡面能夠產生無常的念頭，去觀修這個念頭，能幫助我們內心產生披甲精進；中間是加行精進，加行就是修行，加行精進的助緣就靠死亡無常；最後是不退轉精進，這個助緣也是靠死亡無常的觀修。

關於死亡無常的部分，法王達賴喇嘛在開示道次第時談到，他針對死亡無常來做準備，每天都要觀修六次，還要配合本尊的生起次第來觀修死亡無常。他每天觀修六次，如果這樣持續多年，假設明天馬上就要面對死亡了，在那個時候會不會覺得很意外、很突然呢？不會。內心會感到很高興，而且非常有把握，因爲每天觀修那麼多次，已經準備這麼多年了，所以死亡突然出現的時候，也不會恐懼了。已經修了那麼多年，在死亡的那一刻，當然也不會忘記空性的內容，不會忘記菩提心的內容。因爲已經準備這麼久了，所以在死亡的那一刻，還能安住在空性之中，安住在菩提心之中。所以這個時候會興高采烈迎接；內心很有把握的原因，是因爲平常已有萬全的準備。如果法王達賴喇嘛都是這樣的觀修，那我們更不用講了，我們是否還更應該多加練習呢？

29 日沉西山影子如何般，死神閻羅不留近近來，盼速準備逃法定日人。

就像太陽日落西山的影子一樣，這個影子慢慢拖長了。「死神閻羅不留近近來」，就像日落西山一樣，在最後那一刻，死神閻羅到來了，面對死神的時候，我們能有什麼辦法嗎？前面談的「死時諸法無用」，所以現在就要趕快做準備，死亡隨時就會來，如果現在不馬上做準備，等到死神到來的時候，再要靠佛法救渡我們爲時已晚。

30 鮮花前時雖美後時凋，心莫托於身矣定日人。

鮮花在盛開之時賞心悅目，但是隨著時間流逝，就慢慢地黃了、乾枯了、凋謝了。「鮮花前時雖美後時凋」，這是個比喻；重點在講「心莫托於身矣定日人」；跟美麗的鮮花一樣，我們身體也是這樣子，剛出生時，自兒童、少年、青年到壯年，歷經每一分，每一秒，人逐漸衰老，好像花朵一樣，最先是含苞待放，後來盛開，接著凋謝了。

我們的身體出生之後，逐漸衰老，最後當然也得死亡，死亡後也許放一把火燒掉，也許埋在土裡，也許餵了天上飛的老鷹；最後這個身體化爲烏有了。因此，對於身體切莫有太強烈的貪念、執著，應當瞭解它是無常的，內心的希望切莫寄託於這個臭皮囊上。

《入菩薩行論》也談到：「念身如舟楫，唯充去來依」，應當把身體當作「船」來想，渡過輪迴的痛苦大海，也就是作爲自他渡過輪迴大海的依處。把身體當船是個比喻，譬如說我要渡過一片大海，要靠什麼方式呢？當然靠船；同樣的道理，我們這個身體，暫且把它當作一艘船，照顧身體，保持健康，就能有較充裕的時間來運用這艘船，運用這個身體。目標有暫時與究竟兩個；運用這個身體達到暫時的目標，就是這輩子享受的幸福快樂；究竟的目標則是脫離輪迴的痛苦大海，得到究竟安樂、圓滿的佛果。不論暫時與究竟的目標，都要靠身體才能獲得。

現在有些人錯把船的主人跟船混爲一談，誤會兩者是同一件事物。錯把自己當作船——常存著「我就是身體，身體就是我」這樣的想法，這樣可是會對身體產生貪念、執著，平白浪費自己的生命。

《佛子行三十七頌》裡面談到：「識客終離客舍身，捨世執戀佛子行。」身體就像旅館一樣，是暫時客宿的地方，主人是誰呢？主人就是我們的心識（神識），心識才是主人。這個觀念，許多人沒有分清楚——把身體當成我，我就是身體；就好像把房子當作是主人一樣；因此，終日爲了這個身體忙碌，過了一生，變成房子的僕人、奴隸。要知道，眞正的主人是這個心識（神識）。身爲主人的應該要善用這個房子，就像是我們去運用身體，把它當作是工具一樣。

身體只是暫借來的房子，人或許可以壽達五十、六十、甚至百歲，但身體始終只是借來的，到了某一天，終究要捨棄。正如我們去旅館住，十天、二十天，最後也是要退房；因此切莫把身體跟心識混為一談、房子跟房子的主人混為一談，應該分開來看。切莫變成房子的僕人，切莫變成身體的僕人；應該是：「我去用這個房子，運用這個房子去成辦我的快樂，用這個身體去成辦這輩子的幸福快樂，下輩子能夠解脫成就佛果。」就把身體當一艘船來想，用來渡過輪迴的痛苦大海。切記，僅能把身體當成工具，它不是主人。用身體來成辦這輩子的快樂幸福，或下輩子解脫成佛，這才是善用身體的正確態度。

有些人對身體貪念、執著非常地強烈，因此當別人批評自己的身體時，內心就會起勃然大怒。譬如聽到別人說我的身體老了，或身體胖了，這時就會憤恨不平。為什麼會有這種情況呢？這是對身體的強烈執念在作祟。這時要好好思惟：身體終究是無常變化的，只是暫時借來的工具。如果能夠瞭解這一點，把身體視作工具，了知它無常性、暫時性；如果能有這種認知，內心的煩惱、痛苦，自然就會平息。

內心的執著貪念有多少，內心的痛苦就有多少、煩惱就有多少。另外，身體也像船一樣，只是渡河的工具；我們平時要把這個修行工具保管好，重視身體健康，更重要的是要運用這個工具去成辦修行的事業，才能順利達到我們究竟的目標。

31 活命之時如同天神身，死亡之時較惡魔恐怖，幻相此身誑矣定日人。

我們活著的時候，認爲自己的身體是乾淨的、美麗的，所以說「活命之時如同天神身」，好像天神的身體一樣，非常地重視它。對於我們的身體，身旁的親朋好友也是如此認爲；因此，更加深了我們對自己身體的貪念、執著；不過就算我們那麼重視身體，別人看我們的時候說：「哦，妳長得很漂亮！妳的父母、兄弟、姊妹，他們應該也是很美麗。」可是一旦死亡之候，大家會怎麼去形容這個身體呢？「死亡之時較惡魔恐怖」，那可是比魔鬼還要恐怖呀！同樣一個身體，在世人眼中，生前、死後竟差異這麼大！當人死後，映入眼簾的軀體，那可不得了，這身體是非常的污穢、不乾淨，令人深感怖畏、可怕的呀！

所以，當身體還有一口氣在的時候，像天神一樣美麗；可是當這一口氣斷掉，身體

31 活命之時如同天神身，死亡之時較惡魔恐怖，
幻相此身誑矣定日人。

就變醜陋，比惡魔還要恐怖，不管誰都不敢正眼瞧它。所以在活著的時候，即使身體美麗、年輕、漂亮，可是一年過了一年，慢慢衰老了，滿臉皺紋，既不美麗也不好看；到死亡的那一刻更加可怕，比魔鬼還要恐怖。無論如何，對身體切莫有太多強烈的貪念、執著。如果對於身體太過強烈執著，等到身體一年年過去，逐漸衰老了，由美麗變成醜陋、年輕變成衰老，滿臉皺紋時，內心就會產生很強烈的痛苦。

假設沒有貪念、執著，就不會有這麼大的痛苦，所以「幻相此身誑矣定日人」，幻相的這個身體會欺騙我們，對它切莫有太強烈的貪念、執著。

32 店鋪客人買畢各返家，友伴定分手矣定日人。

前面這句「店鋪客人買畢各返家」是比喻。市場店鋪開門的時候，客戶從四面八方各處來光顧，每個人買的東西不太一樣，當購物完畢後，當然就分道揚鑣，各自離開了。這偈子的重點是後面這句：「友伴定分手矣定日人」。世間的男女朋友、親朋好友等等，無論現在如何相愛，將來還是一定要分開的。人生無不散的宴席，所以「友伴定分手」，這是必然的，只是相聚時間上的久長差別而已；也許一起相處的時間長，也許時間短；但是不管再怎麼長，最後總是要分開。因此，切莫對友朋親伴有太多強烈的貪念、執著，因爲將來終究會分手，這一點務必要瞭解。

現在的青年男女朋友，情到濃時互相珍惜、關愛；一旦分手的時候，帶來莫大的痛苦；甚至有人因此鬧自殺、殺人、陷入瘋狂。你們看，被情人甩了後而自殺的社會事件時有所聞，問題是怎麼造成的呢？仔細去分析，就是在剛開始認識的時候就認定：兩人感情海枯石爛，此情永不渝，誤會一輩子感情不變——王子公主終究會幸福快樂一輩子。這是一個錯誤、迷惑的想法；因爲有了這種想法，將來有天分手的時候，內心會痛苦掙扎，完全不能夠接受事實。在不能夠承受的情況之下，自殺、發瘋、憂鬱症等禍端就出現了。

萬法緣起緣滅，當今生相遇時，大家應該互相珍惜相聚的時光；但是心中也要了解：「一切都是無常變化，變化隨時會到來，況且每個人年老死亡後終究還是會分開的。」有了這樣的認知，將來生離死別時，就不會發生難以忍受，甚至殺害自他的情況。所以，一開始的時候，內心的貪念、執著千萬不可太強烈，切莫懷有恆常的執著，要有「無常」想，就是這裡談的「友伴定分手」，有這種理解是非常重要的。

33

如幻壘石終亦倒下故，盼即結下緣起定日人。

「即」就是馬上、立刻。「盼即結下緣起」，希望定日人結下一個好的緣起。「壘石」是用石頭往上堆高像個人一樣，而它也像我們的身體是無常變化的，不是諦實成立的，如夢似幻的幻相一樣，幾番風吹雨打後終將倒下。如果把小塊石頭堆成一個人的樣子，雖然非常堅固，但卻是無法恆常、持久的；人的身體也是這樣，是如夢似幻，總有一天會灰飛煙滅的，就像這些堆成人的石頭一樣。我們的身體是如夢似幻的組合，總有一天會壞損；因此，「盼即結下緣起定日人」，現在就要珍惜結下的善緣，創造善的緣起，現在開始就為行善做準備，這樣下輩子才有善的果實。

34 內心雄鷹任亦定翱翔，盼即決定騰空定日人。

「內心雄鷹」是個比喻，把身體比喻成老鷹的窩，把內心比喻成老鷹。老鷹總有一天會展翅高飛，離開牠鳥巢，無憂無慮地翱翔在高遠的天際。這是比喻，當我們心識還住在這個身體裡面時，還活著的時候，我們就要先好好地思惟、取捨善惡，還有解脫道等，在這方面做好計劃、訂好目標；爲了要達到這個目標，要依靠佛法，在佛法方面聞、思、修。當下就要好好地下工夫、做準備，才能「決定騰空」。爲了達到眼前這個目標，現在我下定決心，奮勇向前，努力聞、思、修。

有些人不斷地努力實修，身體外表看來當然還是凡夫身，可是他內心的證悟，已趨近佛、菩薩了。要達成這種情況，就是要靠這個身體，在佛法上精進努力。雖然平時在生活上也是跟大家一樣吃喝拉撒睡沒兩樣，但只要一有時間就精進修行；所以外表上雖現凡夫、在家居士、普通男女身，可是他的內心卻已經由努力修行，證悟到極高的境界，獲得了菩提心、慈心、悲心、空慧，得到地道的證悟，內心就像即將騰空的老鷹般，即是「盼即決定騰空定日人」。

35 六道有情大恩父母親，盼修慈心悲心定日人。

六道的有情眾生不論是誰，其實在不斷的輪迴當中，都曾經做過我的父母親，對我的養育照顧之恩相當廣大。因爲六道的有情一切眾生，都曾是我的大恩父母親，對我有養育照顧之恩；因此，「盼修慈心悲心定日人」，我們就有義務對六道有情一切眾生修慈心、悲心。

六道輪迴

這裡談到六道有情，六道有三種善道、三種惡道。其中的地獄道、餓鬼道跟畜生道，是三惡道，淪落的原因不外乎是造作不善業。投生惡道的果報諸如：在地獄道受八熱、八冷之苦；在餓鬼道有飢餓、乾渴之苦；在畜生道則是有愚笨無知、勞累工作的痛苦。

其次有三種善道，就是人道、天道跟阿修羅道。投生三善道的原因是造作十種善業；如果努力去行持有漏的十種善業，果報就是投生在天人善道。天人善道就是享有天人的快樂，稱之爲善道。

總而言之，三界六道是輪迴的處所。爲什麼稱之爲「輪迴」呢？輪迴就是轉過去又轉過來，像輪子一樣轉來轉去的，稱之爲輪迴。因爲有時造作有漏的善業，就投生在天人善道；在人天善道享用福報，而當把以前的善業享用完時，此時不善業就湧現，之後投生到惡道裡面去；投生到惡道一段時間後，以前的罪業就慢慢窮盡了，轉而又投生在善道。所以，有時候善道，有時候惡道，像輪子一樣不停地轉動，所以稱之爲輪迴，很難脫出。

暇滿人身寶

我們現在是在六道輪迴裡面的人道，得到人類的身體；我們能夠聽聞佛法、成就佛果，這種寶貴的人類身體，稱之爲「暇滿人身寶」。得到「暇滿人身寶」，當然主要是前輩子累積廣大的資糧、純正的發願，很多的因緣條件集合；因此，這輩子我們才能得到人類的身體，特別稱作「暇滿人身寶」。

雖然這輩子是暇滿的人身寶，可是我們現在，正立於分水嶺上——下輩子是往上走，還是往下掉的關鍵。如果現在利用這個暇滿人身寶廣大地做十善業，下輩子定會投生到天人善道；如果現在利用這個暇滿人身寶努力去做善業、修持佛法，朝向解脫道邁進，那麼下輩子就能夠脫離輪迴。或者是努力累積投生淨土的功德，那麼下輩子就會投生到西方極樂世界。

如果要證得佛果，就要有證得佛果的善因，我努力地去行持證得佛果的善因，自然以後就能成就佛果。以上這些善法，都得靠身體不斷累積善因才可達成。

至於若行持惡業，當然就會沉淪至下三道。雖然現在擁有人類的身體，屬於暇滿人身寶，可是如果沒有造作善業，內心煩惱的貪、瞋、癡力量又很強大，再加上造作了罪業之故，下輩子就會投生到地獄道、餓鬼道，甚至畜生道。

現在我們能獲得暇滿人身寶，是因爲上輩子累積了廣大的資糧，發了純正的願望，所以使我們這輩子能夠得到它。但是自己的未來會如何，還是掌握在現在的自己手中。所以現在就要小心謹愼、好好地替未來鋪路、打算。

六道有情皆父母

「六道有情大恩父母親」，佛陀曾開示，六道裡的任何一個有情眾生，從無始輪迴以來，沒有不曾做過我的父母親，所以「六道有情大恩父母親」就是這個意思。

眾生做爲我的父母親的時候，他們就跟現在的父母一樣，對我們有非常大的養育照顧之恩。基於這個原因，我們要善加思惟，現在的我希望這輩子的父母親離苦得樂，那其他輩子的父母親也希望離苦得樂呀！因爲「六道有情大恩父母親」，像這輩子的父母親對我有廣大的養育之恩一樣，一切眾生對我也有廣大的恩惠；這輩子的父母親對我有恩，我要報恩；對一切的眾生，同樣我也要報恩，應該要有這樣子的想法。

六道的一切眾生，不曾做過我父母親的，是不存在的，這是佛的開示。我們可以推理分析原因，爲什麼一切的眾生都曾經做過我的父母親呢？因爲我們從無始劫輪迴到現在，在輪迴中不斷地投生，到底投生多少次，這次數是無法計算的，在大多數的投生裡面，所得到的身體都要靠父母親才能得到；因此，眾生的數量是無數的，我的投生也是無數的；因此之故，一切的眾生都曾經做過我的父母親，是從這個邏輯推理而成立的。

其次，進一步談「六道有情大恩父母親」的重點，其實不是放在每個六道有情到底

35 六道有情大恩父母親，盼修慈心悲心定日人。

是否曾經做過我的父母親，重點是在於，把此當作觀想的修行方法，我如果認定眾生都曾經做過我的父母親，要對眾生生起慈悲心就比較容易。所以，從修行方法上來說，成立「六道有情大恩父母親」的概念，這是一個非常好用的訣竅。

「盼修慈心悲心定日人」，我們要對眾生修慈悲心，因爲眾生是大恩父母親。慈心是什麼呢？內心緣取一切眾生，心裡面希望眾生能得到快樂、遠離一切痛苦，我要安置他們得到快樂，我要幫助他們到達快樂的境地，這種想法稱之爲慈心。悲心也是一樣的，緣取眾生，希望他們離開痛苦，離開痛苦的境地，這就稱之爲悲心。

36 瞋敵業力輪迴之惑顯，盼斷瞋恚惡心定日入。

「瞋」是憤怒，內心對我懷著憤怒的仇敵叫「瞋敵」；其實這輩子會出現的敵人，不是無緣無故形成的，往往都是前輩子的冤親債主。前輩子是冤親債主之故，在業力輪迴的情況之下，因爲這輩子因緣成熟，於是就成爲我的敵人了。

仇敵的假面目

「惑顯」是迷惑所顯，因內心迷惑、錯亂之故，對方顯現出來成爲我的敵人。但是這位敵人，他的前輩子也許曾經是我的父親、母親，也許是我的子女，也許是我的好朋友，這些都有可能，僅是因爲今世因緣成熟而暫時變成我的敵人。因爲我的內心迷惑錯亂、不了解因果之故，就把他當成敵人；所以說「輪迴之惑顯」，是輪迴造成迷惑錯亂的顯現。思惟剛剛所講的道理與現象，這輩子雖然他是我的敵人，但卻是源於業力成熟的緣故，同時也是我內心錯亂的緣故。他上輩子可能是我的父母親、我的子女、我的好朋友，都有可能。所以「盼斷瞋恚惡心定日人」，內心對於仇敵切莫懷有憤怒、傷害的惡心，因爲他上輩子是你的親人。

我們現在的父母、子女，或是男女朋友，可能前輩子是自己的敵人，但是因爲業力的緣故，這輩子卻變成了自己的父母、子女、男女朋友。佛陀在《百業經》裡面有開示，談到很多這種故事。因此父母、子女、男女朋友，可能上輩子曾經是我的敵人。而這輩子我的敵人，可能上輩子曾經是我的父母、子女、男女朋友。我們現今社會裡，有些人能回憶起前輩子，他們也講了很多上輩子的事情，且經過證實，這些例子都是輪迴的鐵證，輪迴是眞實不虛的事。

總而言之，對於現在自己的仇敵，或所嫌惡的人，我們對他切莫起憤怒心，要斷除「瞋恚惡念」，「定日人」應該要這樣做。我們對於自己的敵人也好，親朋好友也好，面對一切的眾生，我們應該去除憤恨心，常懷慈悲心，這點是很重要的。

《入菩薩行論》裡面談到安忍，對一切眾生我們應該修安忍，切莫憤怒生氣。《入菩薩行論》〈第六品・安忍〉裡面說：「罪惡莫過瞋，難行莫勝忍，故應以眾理，努力修安忍。」憤怒發脾氣是最嚴重的罪業。而最難行、苦行的，其實就是修安忍；所以，安忍其實就是境界最高的功夫了。了解這個道理，就能理解安忍有多大的功德利益了；當了解之後，應當想方設法，好好地努力去修安忍。

仇敵的真面目

通常我們遇到敵人的時候，內心都憤怒無比。所有會引發我們憤怒的對象，我們通稱之爲仇敵；但是眞正的仇敵，不是外在的；從前面所說就可以瞭解，內心的憤怒是眞正的仇敵、是仇敵的根源。如果內心極端憤怒，你就會發現仇人越來越多，外在的仇人其實是內心憤怒所招引的。當我對人生氣的時候，他就跟你結了冤仇。如果內心常懷慈悲、柔軟待人，就會發現敵人消失了。所以，眾生最大的仇敵，應該是自己內心的憤怒，要滅除的敵人是容易瞋恨憤怒的心。

《入菩薩行論》裡面，寂天菩薩開示：「頑者如虛空，豈能盡制彼？若息此瞋心，則同滅眾敵。」身外仇敵的數量盡虛空、遍法界、無窮無盡，把一個仇敵消滅掉後，又會多出一、兩個，消滅了幾個後反而越來越多，所以永遠無法把外面的所有敵人消滅掉。如果想要把這些的敵人完全消滅掉，這是不可能的。

因此歸根究底只要把內心的憤怒驅除，內心沒有瞋恚，看到每個眾生就不會產生怒氣，也就不可能產生敵人了。

《入菩薩行論》曾說：「何需足量革，盡覆此大地，片革墊靴底，即同覆大地。如是吾不克，盡制諸外敵，唯應伏此心，何勞制其餘？」譬如腳不管走到哪裡去，地上仍有泥土、石頭、草、荊棘等等，刮傷我的腳，或者刺傷我的腳。我有個構想，用皮革把整面大地都覆蓋起來，那麼不管走到什麼地方去，腳就不會被刺傷、割傷。這有沒有可能做得到？當然不可能。怎麼可能用皮革覆蓋整片大地呢？其實只要用一小塊皮做成皮鞋就好了，這皮鞋穿在自己的腳上，不管走到哪裡，都能保護腳，不會被石頭、玻璃割傷。所以我們不是要把外面的敵人全部消滅掉，是要把產生憤怒生氣的這個心消滅掉。如果把「自己內心的憤怒」這個敵人消滅掉，外面就完全沒有敵人了。

憤怒的對治

《入菩薩行論》裡面談到：「精勤滅瞋者，享樂今後世。」能夠好好地修安忍，這輩子就會快樂，如果一個人內心經常處於憤怒的情緒中，當然他就不快樂，而且還過得非常辛苦。正因爲他內心經常是怒氣沖沖，所以晚上無法好好地睡覺，白天無法好好地吃飯、工作，所以內心會非常不快樂。長期處於脾氣暴躁的情況之下，往往會與人起衝突、甚而傷人，或者是神經衰弱，產生心血管疾病等。如果能夠好好地修安忍，內心就立刻能趨於寧靜；如果好好地修安忍，內心很平穩，自然身體四大就調和，氣脈順暢，身體就會健康。

另外，憤怒有很多的過失，因爲憤怒容易引生罪業，會成爲下輩子投生到地獄道、餓鬼道、畜生道的因；也因爲罪業的緣故，下輩子投生到不善的地方去，給自己帶來痛苦、不快樂，於是又累積了下輩子投生惡道的原因。

前面談到，如果好好地修安忍，內心會寧靜，身體也會健康；不僅如此，安忍可以累積廣大的福德資糧，福德資糧是下輩子投生在天人善道的因。

《入中論》裡面談到：「安忍生美」，修安忍的人，面相端莊寧靜、祥和美麗，投生在天人善道，這是安忍的功德。在社會中有些人脾氣暴躁，很容易生氣，大家看到他的時候，內心馬上就升起不悅感，感覺很不舒服，甚至反感。譬如蛇，不管是誰看到都很害怕，內心都會很恐懼害怕，爲什麼呢？因爲蛇是帶著強烈瞋恨心投生的下三道，這當中有這樣的關係存在。但有些人是人見人愛，大家看到他時內心充滿喜悅，爲什麼呢？這種人因爲內心止息了瞋恨心，內心充滿了愛心、慈心、悲心；這種人，別人看到他的時候，內心自然很快樂、很舒服。

憤怒的過失其實是很嚴重的。現今網路非常發達，大家會常常在網路上看到很多的消息。前陣子在網路上，看到有人發了這樣的訊息，上面講說：「有專家研究，當一個人生氣的時候，他身體裡面的元氣精華，會產生衰損的現象。」正如一個人吃了毒藥，中了毒一樣，一個人經常生氣，壽命也會減短，不容易活得長壽；一般來說，長壽的人內心都很祥和、個性平易近人、有愛心，平時不與人爭鬥，這種人會比較容易長命百歲。網路上的這個訊息很正確，憤怒生氣會讓我們身體裡面的精華元素，衰損破壞得很快，減損壽命。

所以，「瞋敵業力輪迴之惑顯，盼斷瞋恚惡心定日人」，可以把這個「定日人」改成自己，這是帕當巴桑傑對我們的告誡教導。

37 頂禮繞行淨化身罪業，盼棄世間俗事定日人。

「頂禮繞行淨化身罪業」，是指佛、法、僧三寶，還有三寶的所依處——經、像、塔，或是在佛的聖地，或是佛堂大殿，或是上師、善知識。如果我們向以上這些作頂禮或是繞行，可以淨化我們身體的罪業。世間無意義的、無聊的事情，拋棄後，好好地累積身體方面的善業，例如頂禮、繞塔。除此之外，身體的善行還有很多，譬如持戒、幫助其他的眾生等等。這些善業都要好好地去努力實行。

頂禮——加行、正行、結行

在頂禮的時候，加行、正行、結行這些要齊備、缺一不可。修持頂禮加行的時候，內心要有菩提心的攝持；正行作頂禮的時候，內心應該沒有渙散、沒有摻雜煩惱，專心地做頂禮；結行是指頂禮、繞塔完畢之後，要迴向、發願。

能夠行十萬遍大禮拜的功課，當然是非常好的，不過在頂禮的時候，首先要有善的動機來攝持；在正行的時候，要有信心、皈依的心；結行的時候，要好好地做迴向、發願。如果能這樣，這個頂禮就合乎標準。

不過有些人，因爲趕著要把十萬遍大禮拜的數量做完，所以頂禮的時候，由於過於強調數量，做大禮拜的時候沒有如理、如法，譬如缺乏眞誠的皈依、發菩提心；或者頂禮的時候精神渙散，最後迴向、發願也付之闕如。如果是這個樣子，那麼十萬遍大禮拜就只是一個空殼外相而已，這不會是很純粹的、清淨的善業。

西藏有個優好的傳統。一般來講，西藏的佛教徒，早上起來的時候，內心會對三寶生起信心，之後皈依、誠懇地祈請，最後做三頂禮。晚上睡覺的時候，一樣對三寶做三頂禮，這時候內心思惟懺罪、皈依，誠懇祈請後做三頂禮。有些人行三遍、七遍、二十一遍都有。但大多數人是做三次，這是一個非常好的傳統習慣。因爲一日之計在於晨，在工作之前，先誠懇地祈請三寶、頂禮三寶，那麼這一整天的事業，會在三寶的庇護、加持之下完成。自己也可以經常憶念三寶；在晚上，對三寶頂禮的時候，可以懺罪，把一天的累積的罪業淨除。因爲頂禮能夠清淨身體的罪業，所以在睡覺之前三頂禮，是非常好的習慣，如果可以的話，大家都應該這樣做。

「盼棄世間俗事定日人」，密勒日巴尊者捨離一切世俗的事情，成就了大修行；我們一般人修行不必像他如此辛苦，完全捨棄世間一切，因爲大家每天都要謀生、需要工作。但是在每天的工作之餘，其實有很多的時間是被浪費掉的，譬如看電視、聊天、無意義的忙碌等，像這類的俗事就要盡量減少，應該安排時間，多行善業、努力修行。

38 唸誦皈依淨化口罪業，莫言凡俗閒聊定日人。

唸誦佛號、持誦咒語或者法本、佛經，都可以獲得佛菩薩的加持、淨化口業。因此，「莫言凡俗閒聊定日人」，把無意義的聊天、浪費的時間好好地拿來運用，譬如唸誦佛經、法本、持咒等，好好進行實修，這樣可以淨化自己輪迴的口業。

最容易的禪修

如果平日經常唸誦佛號、咒語，會逐漸變成自己的習慣。變成平常習慣的行爲，任何事做起來就很容易。之後在從事生活上的一些事情的時候，也可以在心中唸誦佛號；因爲已經成爲習慣了，所以唸起來就得心應手。這時，在煮飯、洗衣、工作、開車、乘坐交通工具或散步的時候，很容易了然於心或朗朗上口。這是因爲平時常唸誦，養成了一種習慣的緣故。

我們在日常生活裡，常會遇到不如意的事情，導致內心的貪、瞋、癡很強烈，若當下想要進行禪修，恐怕沒有那麼容易；這時候如果能唸誦佛號、持誦咒語，比較容易發揮效果。佛號的功德能使貪念、瞋恨、煩惱一下子轉化過來，內心容易得到寧靜，將惡念、惡業轉到善念、善業去。

當遇到疾病或內心痛苦、忙碌時，想要唸誦完整一部佛經、法本儀軌、觀想本尊，可能沒那麼容易。這時候如果能唸誦短短的佛號、持誦咒語，就輕而易舉，且能夠得到很大的利益。所以若平時經常地唸誦佛號、咒語，能養成一個習慣是非常好的事情。

唸佛、持咒，既容易又方便進行，且加持力也很大，只要內心具有信心、虔誠心，是最簡單易行的佛法。

就一般的修行人而言，要清楚觀修本尊會比較困難。而且如果年紀老的時候，或者遇到一些惡緣、違緣出現，內心陷入痛苦焦慮的時候，或者身體有病痛的時候，此時要禪修、觀想本尊，更沒有那麼容易。但是如果這個時候馬上唸誦阿彌陀佛佛號、唸誦六字大明咒等佛號、咒語，是很容易成辦的；不管在何時、何處、什麼情況，都很容易進行。譬如身體生病住在醫院的時候，在醫院要修一座法本儀軌，條件很難具足；但是唸誦佛號、咒語，卻是很容易的。

當內心痛苦、焦慮之時，要禪修沒有那麼容易，這時如果拿起唸珠馬上大聲唸誦佛號、咒語，內心很容易得到平靜、穩定的力量。因此就內心獲得平穩、增強信心，唸誦佛號、咒語的功德利益是很大。希望大家都能養成這個好習慣。

西藏傳統習慣

西藏地區許多老人家雖然不識字，但他們平常已經習慣唸誦六字大明咒，所以一心專注在咒語上面，每天都持續唸，甚至持續一輩子；相續中得到大悲觀世音菩薩的加持，所以不容易產生貪念、瞋恨、愚痴，信心非常強烈，對他們的幫助很大。所以西藏的老人家雖然年紀大了，生活的條件不像台灣這麼好，因爲每天都唸誦六字大明咒、阿彌陀佛的佛號等，他們內心充滿喜樂。他們大部分是在家人，且不識字，可是因爲他們具有強烈的信心、恭敬心、希求心的緣故，有許多老人家在往生的時候，出現了奇特的徵兆，這種例子在西藏屢見不鮮。

大家應該趁現在還年輕的時候，經常唸誦佛號、持誦咒語，將此變成一個強大的習慣，如此對世間法、出世間法都會有很大的幫助。唸誦佛號、咒語，一方面能夠得到諸佛、菩薩的加持，累積福德資糧，得到利益；其次，在內心安定方面也有很大的助益，能讓你心情趨於平穩。不論罹患病痛，遭遇違緣、困難時，內心很容易因爲平時持念的功夫而穩定下來，轉而去積極勇敢面對。

我到過很多國家，各地方的老人家普遍看來，還是西藏地區的內心最爲寧靜、安詳。就他們內心的狀態來看，是不是因爲外在條件的吃、喝、睡等物質條件較好呢？不是，正如各位所知道的，西藏的情況不是這樣。世界各地有很多地方雖文明進步、生活條件勝過西藏千百倍；但西藏地區的環境貧瘠、生活物資缺乏，可是爲什麼西藏地區的老人家內心卻較之寧靜、快樂呢？仔細分析來看，應該是這些人平時經常唸誦佛號、持誦咒語所發揮的強大功效之影響，這樣的一個良好習慣得到很大的加持，穩定了他們的身心。

現代人內心容易恐慌、焦慮，甚至感覺無聊、空虛，發生這種情況的時候，如果能夠挪一些時間來唸誦佛號、咒語，這些情況很快就會消失。內心只要能夠安住在佛號和咒語上面，就能把負面的情緒、想法消除，讓內心生起快樂、勇氣，迎接忙碌多變的生活，這些都是得力於佛法的加持。

要得到佛法的加持，倒不一定要唸誦整部的佛經、法本、儀軌；剛剛講西藏老人家根本就不識字，他們看不懂法本。那麼，他們所獲得的佛法加持是從何而來呢？就是他們強烈的的信心、希求心，加上經常的唸誦佛號、咒語，日復一日，年復一年，持續長久進行，在這種情況之下自然持續得到佛、菩薩的加持，臉上洋溢著打從內心散發出來的寧靜與喜悅。

西藏有些禪修士，雖然已經獲得很高的證悟，但是當歲月逝去，身體衰老、氣力衰竭時，他們也會透過唸誦佛號、咒語來提升自己的禪修境界，以便能更快速邁向解脫成就的目標。

以我的大恩上師晉美彭措法王如意寶爲例，他雖然是大圓滿的成就者，可是他老人家的本尊咒語，已經唸了幾億遍，那可是相當驚人的數量。你看他是這麼偉大的大圓滿的成就者，卻在咒語持誦方面非常重視，且花時間、下功夫，唸誦如此多的數量，由此可見持誦咒語除了善巧方便之外，對修行也是有很大的利益。

三不離身

西藏的傳統習慣裡面，有三種東西不離開身體、終身陪伴。這三種不離開的東西是什麼呢？右手不離開法輪，左手不離開唸珠，嘴巴不離開六字大明咒。有些人就這樣子唸誦了咒語一輩子，得到了加持，得到了成就，命終往生淨土，這種例子不少。我自己個人的習慣也是每天課誦，持誦咒語，經常持續在唸，所以大家如果能夠經常持誦咒語，是非常好的，希望各位能養成這樣的一個好習慣。

消失的西藏文化

前面所談到的這些西藏人三不離身的情況，未來可能僅剩回憶，成爲西藏過往的事蹟。因爲，現在的西藏與外界大量交流、往來，年輕人發生了很大的改變，受到外來文化的汙染及無神論的思想教育，這樣的改變，在很多年輕人眼中認爲是社會進步的表徵，但是我不贊同這種說法。

現在西藏的年輕人不再像以前的老人家一樣，經常持誦咒語等，所以大多數的年輕人心裡面是不快樂的。雖然老一輩的西藏人生活條件沒那麼好，但是他們不論到什麼地方去，無論是唱歌、跳舞，做什麼事情，他們內心是經常持誦咒語的，內心非常的快樂。

西藏人以前有一個說法，西藏的孩童在開始學講話、叫媽媽的時候，同時也會唸六字大明咒「嗡瑪尼貝美吽」了，所以瑪尼咒語（六字大明咒）在西藏是不用學校教的，每個人生下來自然就耳濡目染、耳熟能詳。但是現在西藏的年輕一代好像不是這樣子了，很多人缺乏佛法薰陶，也有很多人無法通曉西藏話，像這種人爲數不少，且越來越多；所以未來，在西藏要學習佛法恐怕會變得很困難。

以上是跟大家聊聊一些西藏地區與佛法有關的習俗與現狀。

39 虔敬勝解淨化心罪業，至盼頭頂上師定日人。

對於上師三寶，內心生起信心、恭敬勝解；對於眾生，我們內心產生慈悲心、發菩提心。如果這樣做，內心累積的罪業就會逐漸淨化。因此，平常在內心就必須對於上師、三寶產生信心、恭敬心，然後經常誠懇地祈請，這是非常重要的。「至盼頭頂上師三寶」，表示要對上師三寶具有頂戴的恭敬心，經常地誠懇祈請，自然能獲得加持、消解罪業。

40 定將離棄俱生肉與骨，莫執壽爲常時定日人。

我們出生的時候，此色身是由肉跟骨頭等形成的，總有一天此心識會離開此肉身，必定要捨棄掉身軀。死亡時身心剝離，這個肉、骨、身軀當然就要捨棄掉。因此「莫執壽命爲常時定日人」，對壽命一定要有「無常想」的認知，切莫執著生命會恆常存在，這種常執不可產生，內心要經常思惟生死無常。

41 認定正境即本然永境，彼則無遷誤矣定日人。

「正」的意思是指最殊勝的、不會改變的，「境」是對境、對象。「正境」就是最殊勝的、永遠不會改變的對境、對象。最殊勝又永久都不會改變的對境是什麼呢？就是「本然永境」，「本然」就是自性的意思，不會改變的內心實相。這是內心實相俱生的本智，要認定清楚，這個就是純正的對境。因此，「彼則無遷誤矣定日人」，內心的實相是不會輕易改變，沒有任何的錯謬。對於內心自性實相甚深空性，應當努力地好好去聞、思、修，才能證悟內心的實相。

針對這個議題，《佛子行三十七頌》有談到：「諸法所顯唯自心，性體本離戲論邊，不著能取所取相，心不作意佛子行。」一切的所顯歸納在自己的內心，所顯是由內心去形成的。但就內心而言，心性本身是什麼樣子呢？內心的心性本身，是離開一切的戲論、有與無、是與不是等等二元對立，這些戲論邊都沒有了。內心本身是離開一切戲論，切莫去作意思惟，切莫去執著表相；要有以上這樣的認知。之後在內心的本然顯現、本來面目上，一心安住禪修，就能達到這裡所說的「本然永境」。

關於依於不造作的內心來禪修，就能夠達到「本然永境」這個部分，在大手印禪修裡談得特別多，譬如大手印訣竅裡面說：「已逝切勿追憶，未來亦莫抓取，當下相續無作，安住眞如本境，契入心地實相，俱生本智自顯。」

薩惹哈大成就者的《薩惹哈道歌》裡面也談到：「線團所縛之此心，鬆而解脫無所疑。」線團所束縛的內心，放鬆就會得到解脫，這點是毫無疑問的。我們現在的內心，好像被繩子緊緊地綁住，因爲內心有很多的妄念、煩惱，把內心緊緊地綁住，試問如此如何能脫離呢？如何能讓內心解脫、離開這些束縛呢？其實，只要放鬆就可以了。把我執、煩惱去掉，內心放鬆、離開我執、煩惱，自然就可以得到解脫，這點是無庸置疑的。

關於這個部分，在中觀般若教法、大手印、大圓滿裡面，如何直指心性本來面目的禪修口訣、觀修的開示很多。總之，按照這些方式去禪修，內心就會達到本然永境，照見內心的實相。如果見到了內心的實相——本然永境，「彼則無遷誤矣定日人」，就能明白內心實相沒有任何的遷移變化，沒有任何的錯謬，是永恆常久的。

42 把握心性大藏爲正財，彼則無耗盡矣定日人。

甚深的財富永遠不會窮盡，它就是內心的實相本身。所以內心的法性實相是最大的寶藏；當了解到內心的法性實相是最大的寶藏之後，好好地觀修，才能洞見內心的實相。

有爲法的財富，當然一定會耗盡的。先有累積，累積之後當然就會耗盡，財富、受用都是這個樣子。但是善根的部分，特別是內心的實相，如果能透過觀修去認識，就會發覺內心實相是永遠不會耗盡、永遠不會消失的，所以說「彼則無耗盡矣定日人」。

「心性大藏」這句話是什麼意思呢？引導內心，使心朝向善的方向累積善根，形成無邊無際的喜樂，這些都是由內心所形成的。慈心也是內心所施設，悲心也是內心所施設，菩提心當然也是內心所施設的；甚至信心、出離心、究竟的佛果，通通都是內心施設形成的；總而言之，一切好的、善的，都是靠內心去施設，由此可見「內心」可以產生極大的寶藏財富；心能生出一切，所以把心稱爲「大寶藏」。

在「心性大寶藏」這部分，《法界讚歎文》裡面也開示：「惟有心性一切種，於理顯現有與寂，給予所欲之果實，如意寶心我頂禮。」心性本身像如意寶一樣，我對它做頂禮。這裡談到的是如來藏、心性，或是內心實相。如來藏本身，會形成三界輪迴，也會形成解脫，因此顯、有、輪迴、涅槃，全部由心性所施設，由如來藏去形成，所以說如來藏好像是如意寶珠一樣，我向如意寶珠般的如來藏、心性頂禮。

內心實相當然是佛，我們經常談到眾生都有佛性，眾生的內心裡面都有成佛的種子，都有佛性存在，這個佛性指的是直心的實相。心實相本身像如意寶珠一樣，像個大寶藏一樣，所以如果能去享用的話，那當然是絲毫不會窮盡的，這正是「彼則無耗盡矣定日人」的意思。

43 享用等持勝味爲正食，則無飢餓苦矣定日人。

「等持」是甚麼意思呢？「等持」就是內心的一個狀態。什麼狀態呢？就是緣取一個善的對境，將心專注的安住在上面，能夠專一安住內心的狀態，就稱之爲「等持」。最爲純正、清淨的食物是「等持」，如果好好修等持，安住在禪定中，享用等持殊勝的滋味，其實是最美妙、最純正的食物，是我們身心眞正需要的食物。如果好好地禪修，享用等持美味，就不會有飢餓的痛苦。就五妙欲的食物——色、聲、香、味、觸來說，吃得太少會有飢餓的痛苦，吃太多又會爲自己帶來許多疾病。但是如果是等持的勝味，就不會有這些毛病發生，不會像五妙欲的享樂會帶來種種痛苦、煩惱。在輪迴的處所裡，享用等持勝味，將來也容易得到解脫。享用等持勝味後，便消除、脫離了煩惱、飢餓等等的痛苦，所以才說「則無飢餓苦矣定日人」。

44 暢飲憶念甘露爲正飲，彼則無中斷矣定日人。

前面談到食物，現在談的是飲料，「正」的意思指的是殊勝，如同勝義諦一樣。如勝義諦一樣殊勝的甘露飲，正是內心的憶念跟正知。如果心是緣取善的對境，能夠專一安住去享用，這樣做的話，「彼則無中斷矣定日人」。如果內心有憶念跟正知，使自己的內心經常安住在善的對境上，就可以不斷的受用法味，自己的禪修也不會中斷，所以說「無中斷矣定日人」。

「憶念甘露爲正飲」，正念、正知、不放逸這三項對行者來講特別的重要。假設一位行者內心缺乏了這三項，那他內心就會經常容易產生貪念、瞋恨、愚痴，在禪修上也會產生懈怠、懶惰，無法精進。因爲內心經常是渙散的、懈怠的，所以觀修不會進步，經常都陷溺於貪、瞋、癡之中，修行當然就不會進步。如果內心經常有正知、正念、不放逸，就能夠安住在勝觀禪修上，禪境的增長就易如反掌了。針對這一點，寂天菩薩在

《入行論》裡面就開示了〈不放逸品〉、〈正知品〉這兩品，因為這三個項目確實是非常重要。

45 尋找自然本智爲正友，彼則無聚散矣定日人。

「自然本智爲正友」是說最爲殊勝、純正的朋友，不是世俗中人；最爲殊勝的朋友，應當是自己內心的自然本智覺性、內心的實相覺性。我們應當把自然的本智當作是自己最殊勝的朋友。「彼則無聚散」，如果能夠認識自己內心的覺性、自然本智，那它跟我就永遠形影不離了。

世俗的朋友也許今天是朋友，可能明天、後天卻反目成仇，這種例子不是也很多嗎？所以這種朋友，不能夠當作「正友」——純正的朋友。而世俗友因爲不是恆常的、堅固的，且經常在改變的，所以才稱爲世俗的朋友。但是假設我尋找自然本智、內心的覺性本貌來當作我的朋友，我如果得到這種純正友，則將跟我永遠不會離散。

46

尋找覺性稚童為正子，彼則無生死矣定日人。

「稚童」是小孩之意，如果要尋找純正的、殊勝的、永恆不會改變的這種小孩，應當找誰呢？應當找自己內心的覺性本貌、天然本智，把此當作是自己的小孩。如果能夠得到，就不會有生死的變化。因為覺性本貌是自己的內心實相，是萬法的法性，就是佛性、如來藏，如果能證得覺性本貌，就不會有生死的變化。因為覺性本貌是甚深空性，甚深空性當然是無生，如果沒有生怎麼會有死呢？當然不會有死，所以說「無生死矣定日人」，大眾應當努力地去尋找。

47 盼於空狀揮旋了悟矛，見地無阻擋矣定日人。

禪修道次第——見地

「空狀」是空性、法界的相貌、法界甚深的空性。「了悟矛」是說把了悟空的智慧當作是會揮旋的長矛一樣，「見地無阻擋矣定日人」，銳利的長矛揮動的時候，無人能擋，如果就法界空性努力去觀修，能得到堅固的證悟，就能消滅、破壞我執各種煩惱，如此在修行的路途上就再也不會遇到阻礙了，所以說「見地無阻擋矣定日人」。

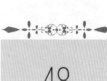

48 無妄念上遣無散斥堠，修時無沉掉矣定日人。

禪修道次第——觀修

在上一偈談到的是見地的部分——了空的見地。這偈「修時無沉掉矣定日人」由見地進入實修。在見地上面，心沒有任何的執著，這是空性的見地；安住在了空見地的時候，心也不會有任何的阻礙。

接著講實修，修行的時候怎麼做呢？「無妄念上遣無散斥堠」，「散」是渙散，「斥堠」是偵查兵，沒有渙散的斥堠，「無妄念」是沒有妄念之心。前面講空的見地，所以在禪修的時候，要安住在了空的見地上；在了悟空性的見地上，心要完全沒有渙散。「無妄念」，內心沒有胡思亂想，沒有妄念紛飛。當這些妄念紛飛都沒有了，心就沒有渙散了。到達「無妄念」這樣的狀態下，「遣無散斥堠」就不需要刻意地去偵查來制伏念頭，因為你的念頭已經沒有渙散了。

以安住在了空的見地，心沒有渙散的境界來觀修；如果這樣「修持無沉掉矣定日人」，這樣做觀修，昏沉跟掉舉❶就能夠消除掉。無修是最勝修的，只要安住在了空的見地，切莫渙散，這才是最殊勝的禪修，這時沉沒、掉舉就不會再出現了。

在無妄念——沒有胡思亂想的妄念上，不渙散的安住，再進一步就不只是這樣子。「無妄念」解釋成無妄念的本智；當心沒有妄念，內心的天然本智就會出現。「無妄念上」，指的是在內心無妄念的本智上，「遣無散之斥堠」，內心沒有渙散之時，就是最殊勝的禪修。

❶編注：「昏沉」是指心暗不明之狀態。「掉舉」是指分心的狀態。

49 盼於自然無遮練力道，行持無取捨矣定日人。

禪修道次第——行持

「遮」就是限制、遮障。在「自然無遮」的情況下，修持你的力道。所以「盼於自然無遮練力道，行持無取捨矣定日人」。前面講完了見地及禪修，這裡講的就是行持。在了空的見地、不渙散的觀修情況之下，相隨順的行持應該怎麼做？相隨順的行持是指期望、懷疑、取、捨、破、立，這些想法、念頭都不要存有，然後安住於見地觀修，進一步則不要去抓取破、立、取、捨、期望、懷疑，那麼見地、觀修就會越來越有力道。所以說「行持無取捨矣定日人」。

「無遮練力道」，在下座後的威儀，於日常生活、食衣住行將見地與觀修融合在一起，在這種情況之下，不做破、立、取、捨、期望、懷疑。在這種「無遮」的情況之下，禪修的力道就會進步得很快，所以叫做「無遮練力道」。

50 四身無別本覺心中圓，於果無期疑矣定日人。

禪修道次第——果位

前面講見地、觀修、行持，接下來談到果位。如果繼續觀修下去，會得到什麼樣的果位呢？「四身無別本覺心中圓」，四身是法、報、化三身，加上自性身，是究竟的四身，本然的覺性在內心裡面就已經圓滿存在了。

四身性質

法身：本然覺性就是心性本貌、內心實相。在內心的心性本貌實相上面，有本質空這個特色，本質空這個特色就是法身。

報身：覺性本貌內心的實相裡面，有自性明晰的這個部分，這個特色其實就是報身。

化身：覺性本貌本身，輪迴涅槃的一切所顯不會滅掉，自然會顯現出來。能夠顯現出一切，這是化身的部分。

自性身：本質空、自性明、還有周遍，這三者是不會單獨分開的，不是單獨的一個項目，這三者無二無別，三者無區別的這個部分就是自性身。

心性本貌、就內心的覺性實相而言，其實四身是已經齊備的。在內心的實相裡面，早就已經存有了。所以對於究竟的果位而言，我要不要去期望得到一個果位呢？重新去得到一個究竟的果位？或者內心產生懷疑——擔心、疑慮我可能沒有辦法得到？這些都是庸人自擾。因爲你不必重新去得到，也不用擔心我會不會得到，因爲在內心實相裡面，四身早就已經圓滿了；只要讓我內心裡的本貌實相現前，四身的果位就現前得到了。所以對於「果」，不用去期望，也不用去焦慮、疑惑，所以說「果無期疑矣定日人」。

51 輪涅根本攝於覺性心，心無實有法矣定日人。

輪是指輪迴，輪迴有三界六道。「涅」是涅槃，涅槃是解脫的一切法。輪迴跟涅槃兩邊的一切法，歸納起來它的根本之處，其實就在自己覺性的內心——心性本貌這個地方。從心性本貌生出輪迴、涅槃，所以實際上，輪涅一切萬法歸納起來，當然歸攝在自己的內心。內心是什麼樣子呢？「心無實有法矣定日人」，心的自性是空相的，不是一個實有法，所以不是自性成立的，不是諦實成立的，心的自性不是實有法，是空性法，所以說「心無實有法矣定日人」。

輪迴跟涅槃的一切萬法，爲什麼歸攝在內心裡面呢？我們如果仔細分析，這裡說「輪涅根本」攝於覺性的內心，我們去分析輪迴從何而來？涅槃從何而來？所謂輪迴的法，其實是我們內心的迷惑而形成的，一切的輪迴都是內心的迷惑所顯現。

就內心本身而言，內心本身有一個內心自性的本貌——心的實相本貌，但是我們對於自己的實相覺性不了解，由於對這個覺性本貌不了解，就稱之爲「無明」。「無明」就是對自己原來的樣子不明白、不了解。心對於自己的本貌不了解，這個不了解就形成「無明」。「無明」會怎樣嗎？無明接下來會形成：行、識、名色、六入、觸、受、愛、取、有、生、老、死這十二緣起支，這十二緣起支有依順向的方式而產生，也有依逆向的方式而形成。順跟逆裡面——順的方向，會形成輪迴一切的法，所以輪迴的法是由內心而形成的。

涅槃的法如何由內心形成呢？離開我們的內心，跟內心完全無關，在心的外面還有涅槃、還有解脫嗎？當然沒有。因爲，內心本身有一個心的本貌，是內心的本質、自性。假設對於內心的本貌，能夠了解、證悟到心實相的甚深空性，就能夠得到證悟，這證悟的就稱之爲「解脫」，這證悟的心就是「涅槃」。這證悟的心本身，裡面的佛身、佛智功德就湧現了；佛的悲智力功德，是心原來的實相、心的本貌原本與生俱來的；所以涅槃不能離開心。總之，輪迴跟涅槃都是由心所造。

52 貪瞋所顯鳥行無痕般，覺受無耽著矣定日人。

貪心所顯跟瞋心所顯，就是貪念、瞋恨這些煩惱妄念，或是三毒、五毒——貪念、瞋恨、愚痴、傲慢、嫉妒，當這些煩惱出現的時候，要認知煩惱的本質是空性的。因爲萬法都是空性，煩惱的本質當然也是空性的。所以當三毒、五毒出現的時候，如果能夠認識煩惱的本質是空性，就能了悟三毒的本身，其實就是佛的三身；五毒的本身，其實就是佛的五身或佛的五智；如果能夠這樣子了解的話，當貪、瞋、癡等煩惱出現的時候，在煩惱出現的那一刻，馬上煩惱就會轉變成佛的三身、五智，這些煩惱就不會產生困擾。

「鳥行無痕般」，「痕」是腳印痕跡，像鳥在天空飛過，會不會留下一排排的腳印呢？不會，沒有任何痕跡存在。一樣的道理，當貪念、瞋恨、愚痴，這些煩惱出現的時候，能夠了解，並安住在前面所說的見地跟觀修，當任何煩惱出現的時候，是不會在內心留下任何痕跡的。在認識煩惱的本質情況之後，煩惱的出現，就會轉成佛三身、佛五智；因此煩惱就消失了，沒有任何的痕跡存在。

「覺受無耽著矣定日人」，因此，對於覺受或者貪念、瞋恨、愚痴等等，這些情況、感受產生的時候，「無耽著矣」，切莫執著是好的覺受或是貪念、瞋恨、愚痴等，應當去認識這些的本質是空性，由這個認識本身，了知禪修不應該沉溺於任何的善惡等覺受，所以說「覺受無耽著矣定日人」。

53 法身無生如同日精華，光則無明暗矣定日人。

「法身」有很多異名，其實都是同樣的意思，都是講內心實相，譬如如來藏、心性，其實指的都是法身，都是同義詞。就法身而言，法身是無生，無生是甚深的空性，所以空性、法身、內心實相指的都是相同的意思。「法身如同日精華」，法身好像太陽一樣，比喻太陽被雲遮蔽的時候，雖然我們看不到太陽，但是太陽本身並沒有消失或被汙染。

佛與眾生的內心實相

即使眾生處於輪迴裡面，尚未證悟法身的時候，內心有很多無明迷惑，然而內心的法性身上面，卻依然一絲不染；就像太陽自己一樣，「如同日精華」，像太陽本身沒有雲、霧。其實在輪迴裡面，有我執、有煩惱，被這些我執、煩惱遮蓋住的時候，這個我執、煩惱是不會沾染到心性本貌、內心的實相；就內心的實相本質而言，是無明暗、盈虧的，所以說「光則無明暗矣定日人」。

當我們還在輪迴的時候，內心有很多的迷惑，這時候心的本質裡有一個實相，得到解脫、成就佛果的時候，也有一個心的實相，這兩邊心的實相本質上有沒有差別呢？本質上是沒有任何的差別的。只是佛得到佛果之後，對於萬法實相的了悟已經徹底究竟了，所以祂成就了佛果。

就我們而言，還陷在輪迴裡面，所以內心被我執、煩惱、無明、業力這些污垢所遮蓋，但即使我們在輪迴六道裡面，有這些污垢，但是這些污垢，也沒有沾染到心的實相。

因此在佛經裡面談到：「若佛出世，若未出世，此法常住，法住法界。」佛出現世間也好，佛不出現世間也好，法性都是如爾不動、不變。就心的實相本身，不會因爲成就了佛果，心的實相品質就越來越好；也不會因爲眾生還在輪迴，沾染很多業力，所以心的實相就越來越糟糕。會不會有這種情況呢？不會。因爲內心的實相是永恆、平等，永遠都不會改變的。

佛與眾生之差別

如果這樣問：佛與眾生之間有什麼差別嗎？這個問題，就內心實相、甚深的空性、法身而言，差別就在於證悟、不證悟而已。就眾生而言，對心的實相、覺性本貌、法身空性這個部分不了解，所以沒有證悟；因爲不了解，才形成了無明，所以就成爲迷惑錯亂的輪迴眾生。

但是對於自己心的實相、覺性的本貌、自然的本智，這部分徹底證悟了，我們就稱之爲佛。所以佛跟眾生不是由心的實相來作區分，是由了悟、不了悟來作區分的。所以常聽說：「輪迴和涅槃，就像我們手掌一樣，手心是涅槃，手背是輪迴，但不管如何都是同一隻手。」所以佛與眾生心的實相是一樣的、沒有差別的。差別只在對於心的實相本身，到底是了悟，還是不了悟，就成爲佛與眾生的差別了。

54

妄念爲敵空屋遇賊般，錢財無得失矣定日人。

「妄念爲敵」，當妄念產生的時候，內心胡思亂想，貪念、瞋恨、愚痴等等，這些妄念就像仇敵闖空門一樣；因爲妄念產生的時候，我們會造作很多的罪業與痛苦。但是，當這個妄念的仇敵出現的時候，只要能夠了解妄念的本質是空性、是法身，如果能夠有這樣的認識，當妄念出現的時候就自然會解脫，證得法身。

爲什麼說妄念的本質是空性，因爲萬法都是空性，當然妄念的本質就是空性。空性就是法身。所以如果專注在「妄念的本質是空性」這樣禪修的人，有這種了解的話，當貪念、瞋恨、愚痴等的妄念一產生的剎那，看著妄念，同時了解它的本質是法身、是空性。在此情況之下，貪念、瞋恨、愚痴也就不會產生作用，妄念馬上就解脫變成法身，自然也就無法造作罪業。

將這種情況比喻成「空屋遇賊般」，空的屋子遇到盜賊，不會有什麼得失，因爲屋子裡面什麼都沒有；主人沒有什麼損失，小偷也沒有偷到什麼，因爲屋子裡面什麼都沒有。假設一個禪修士，能夠認知「妄念的本質是法身」，經常如此觀修的話，當妄念出現的時候，其實是沒有獲得利益，也沒有受到傷害的。

當妄念一出現的時候，馬上看著這個妄念，並了解它的本質，知道它也是法身，如此妄念會成爲法身。當妄念出現成爲法身的時候，會不會緊跟著一個執著在後面，摻雜在這個妄念上面呢？不會。因爲妄念已經解脫成爲法身了。

在妄念後面，並沒有摻雜執著，也沒有摻雜到煩惱，後面會引發相續的貪念、瞋恨、愚痴等等的情況也不會發生。所以妄念產生的時候，是不會產生任何傷害的，什麼都沒有發生。那麼妄念沒有產生的情況之下，是不是禪修境界就特別殊勝呢？也不是。因爲心性沒有任何改變，仍然安住在法身，完全沒有渙散，沒有離開，沒有發生什麼，心性既沒有得到什麼，也沒有失去什麼，沒有沾染到任何雜質，所以說「錢財無得失矣定日人」。

55 感受無痕如同水中圖，無執惑顯後矣定日人。

「感受」有苦、樂、不苦不樂。當這些感受產生的時候，如果能夠安住在這些感受的本質上，這些覺受的自性因爲是空性也是法身，當能安住在這上面的話，後面就不會引發貪念、瞋恨等。痛苦、快樂的感受、妄念紛飛等就不會產生了。因爲安住在本質上是空性的法身，當安住在這裡的時候，當下後面的貪念、瞋恨、愚痴等等，就消失了，不會接踵而來，所以此處說「感受無痕」。

偈頌形容感受「無痕如同水中圖」，例如用樹枝在水面上畫圖，水面圖案出現的同時也消失掉了，差不多同時發生，所以是「如同水中圖」。

一樣的道理，當這些苦樂感受產生的時候，同時發生，也同時消散掉，因爲安住在本質——空性法身的上面，所以出現、消散同時，不會再摻雜後面的貪念、瞋恨、妄念紛飛的煩惱，這些都沒有。尊者說「無執惑顯後矣定日人」，即在迷惑所顯，苦樂的後面，切莫再產生貪念、瞋恨的執著。如果你按照前面的「感受無痕如同水中圖」這樣來看，在這些迷惑所顯，痛苦、快樂感受的後面，就不會形成執著，應該要這樣做，定日人。

《心經》當中談到：「無色、聲、香、味、觸、法，無眼、耳、鼻、舌、身、意。」意思是指五蘊而言，本質其實也是空性——自性是空性。安住在五蘊的空性上面來作觀修，將來能夠得到解脫。此外，切莫僅看字面上的解釋，好像色、聲、香、味、觸這些都不存在，眼、耳、鼻、舌、身、意，連心也都不存在，不是這樣解釋的。

同樣的道理在《佛子行三十七頌》裡面，關於苦樂感受的這個部分也有開示：「遭逢欣喜悅意境，應觀猶如夏時虹，外像美麗內無實，捨離貪執佛子行。」「諸苦猶如夢子死，妄執實有極憂惱，故於違緣逆境時，當觀虛妄佛子行。」當痛苦、快樂這些感受產生的時候，切莫執著是眞的存在，這諦實成立的執著稱爲諦執。應當了悟感受的本質是空性，因此即使苦樂的感受出現了，好像如夢似幻一樣。就對境來講，不管美麗、不美麗，我們內心產生的感受，不管是痛苦或快樂，其實了悟到這些的本質是空性，當下安住在這個空性的了悟上。不管對境是美醜，內心的感受是苦或樂；當下這些貪念、瞋恨就都不會產生，所以應「捨離貪執佛子行」，當觀感受是虛妄，要瞭解這些都是不實的、是空性的。佛弟子如果這樣實修，內心貪念、瞋恨就都不會產生了。

56 習氣憶執天空彩虹般，貪戀無認定矣定日人。

在我們的阿賴耶識裡面，平常造作很多的善業跟不善業，這個善業、不善業造作之後，雖然結束了；可是業會變成一個細分的能量，儲存在阿賴耶識裡面。這個細分的能量就稱之爲「習氣」，習氣儲存在阿賴耶識裡，這善、不善的習氣在累世的輪迴中，當然儲存了很多。所有善、不善的習氣，之後會遇到外緣的刺激，將能量誘發出來。當習氣的作用力發揮出來的時候，就形成了快樂的與痛苦的感受，於是輪迴裡的苦樂就形成了；輪迴的苦樂形成時，因內心的憶念執取，就會產生許多的思惟、妄想，這些就像天空的彩虹一樣，雖然看到了天空的彩虹——紅、橙、黃、綠等顏色都看到了，但用手去抓卻抓不到，因爲是空性的緣故。

在這些苦樂的感受出現的時候，我們內心有妄念去執取之時，應當了知這些是無自性成立的、爲空性的，就像天空中的彩虹一樣。貪念、瞋恨等等，其實是抓不到的，因爲其本質是空性之緣故。「無認定矣」是因爲無法抓到它，因此稱「貪戀無認定矣定日人」。

57 浮動自清天空雲朵般，心則無朝向矣定日人。

「浮動」就是我們內心善、不善、無記等種種妄念的產生。當妄念的浮動產生時，像海浪波滔洶湧不斷的浮動湧現。然而當妄念出現的時候，妄念自然的也就清除掉了，因爲自性就是出現的原處，當下就解脫的意思。

當這個善、不善、無記的妄念浮動出現的時候，要安住在妄念的本質上，了知它的自性就是空性。是故安住在空性的時候，這些妄念不是用一個對治的力量去打擊、消滅。因爲妄念在原處就會自然消失不見了，這就是原處自解脫。

當內心的妄念產生浮動出現的時候，就安住在這個妄念上，妄念自性空，自然就在原處消失不見了。「天空雲朵般」，天空中的雲朵，東西南北不知從何處飄來，風吹的時候自然也就消散掉了。不用特別去排除它。

因此「心則無朝向矣定日人」，心朝向某一對境，產生貪念、執著的這種情況就不

57 浮動自清天空雲朵般，心則無朝向矣定日人。

會發生了。當內心這些善、不善的念頭出現的時候，安住在浮動的念頭上面，而這些妄念的浮動，自然也就消失不見了。內心自此也就不會朝向某一個對境產生貪念、執著，所以說「心則無朝向矣定日人」。

58

無執自解拂面涼風般，於境無耽執矣定日人。

「無耽執矣」是說沒有耽著、沒有執著。「無執自解」的「執」是執取對境——色、聲、香、味、觸，執取色、聲、香、味、觸的對境之後，內心產生喜歡、不喜歡、貪念、瞋恨等等的妄念，「無執自解」，現在這些執著沒有了，自己就解脫掉了。

不過要注意「自解」是說原處解脫，原處解脫是非常重要的。如何是原處解脫呢？就是當色、聲、香、味、觸這些對境出現的時候，內在這個執著的心在面對外在的對境時，不管對境也好，內心也好，兩者的自性、實相都是空性的。

如果能夠了悟，當執取對境、內心妄念出現的時候，就這個妄念本身，不需要用對治的法門去破除——不用破、也不用立。只要安住在對境是實相，也是空性、湧進內心的妄念念頭本身是實相，也是空性，安住在上面，這個妄念當下自己就解脫，消失不見了，這種情況稱之爲「原處解脫」。

尊者說，原處解脫的情況，就像「拂面涼風」般——好像涼風吹過臉一樣，吹過去什麼都沒有了。不用刻意去抵擋，也不用刻意去破除，什麼都切莫做；所以說「拂面涼風」是這個意思。

所以「於境無耽」，眼前的對境沒有什麼好耽著、執著的。「於境無耽執矣定日人」，如果能夠了解法的空性，那麼面對對境、五妙欲——色、聲、香、味、觸，這些執著自己就會消失不見，也不會產生貪、瞋、癡等等造作罪業，所以說「於境無耽執矣定日人」。

59 覺性無實天空彩虹般，覺受無阻擋矣定日人。

「覺性無實天空彩虹般」，就自己的覺性本身，不是一個實有法，不是像一個東西，可以摸到、可以抓到；不是的，覺性是空性的。後面是比喻，就像天空的彩虹一樣，可以看得到，但是卻摸不到。

「覺受無阻擋矣定日人」；因此，對於內心所產生的覺受，例如苦、樂等等的感受，其實也不用阻擋，因爲既無法摸到，也無法抓到，所以面對這些覺受，苦、樂等切莫有強烈的貪念與執著。

60 見法性義啞子夢境般，離詞離名言矣定日人。

如果證悟法性、空性、萬法實相的意義時，是沒有辦法向別人講解說明的。「啞子夢境」是個比喻，例如啞巴晚上做了夢，不管美夢、惡夢或夢境有什麼情況，他感受得到，卻無法向人訴說夢境，因爲他是啞吧。類似的情況是說，如果證悟了萬法空性、實相法性的意義，在那個時候，內心雖然證悟了，但是能不能「離詞離名言」去跟別人講？沒有辦法。因爲空性的意義是超越文字語言思惟，沒有辦法去向人說明的，所以說「離詞離名言矣定日人」。

關於法性是無法以名言解釋的，來談談羅睺羅的一首偈語。羅睺羅是釋迦牟尼佛未出家前在皇宮生下的兒子，後來羅睺羅也跟隨佛陀出家，並得到阿羅漢的果位。羅睺羅在十六位阿羅漢裡是密行第一，釋迦牟尼佛有很多弟子都有什麼第一的頭銜，羅睺羅則是密行第一。他寫了一個讚嘆文來讚嘆般若佛母。讚嘆文是：「離言思詮勝慧到彼岸，不生不滅虛空本質性，各個本覺本自所行境，頂禮三時勝利者之母。」

「勝慧到彼岸」就是般若空性，甚深的般若空性是離開言語的說明、內心的思惟、名相的解釋。「不生不滅虛空本質性」，就般若空性、萬法甚深的空性而言，最初是不生，最後也是不滅，就像虛空一樣。像虛空本質一樣，是個比喻。證悟的覺受唯有自己知道，所以是「各個本覺本自所行境」。「頂禮三時勝利者之母」，過去諸佛靠證悟甚深的空性成佛，現在、未來諸佛都靠證悟空性成就佛果；所以空性猶如三世佛陀之母。這禮讚文所談到的，就是這裡的「離詞離名言矣」。甚深空性是無法用詞句去解釋的，也無法用名相去解釋。

二諦

在說明空性的同時，應該講解一下二諦，在《中觀》裡面詳細的闡述二諦的理論。二諦就是指世俗諦、勝義諦。如何去說明勝義諦與世俗諦呢？在《入菩薩行論》中用的解釋區分就是迷惑的內心。迷惑的內心所了解、所知道的都是屬於世俗諦；離於迷惑的部分，就是實相，就是勝義諦。

《入菩薩行論》裡面談到世俗諦跟勝義諦，做了一個界定。就是：「勝義非心所行境，行者說心爲世俗。」勝義諦本身不是內心所認識的對境。如果談到內心，我們就要說，內心本身就是世俗。所以這句話的意思，就是指超越內心的部分，超越內心的有境、對境，都是屬於勝義諦。假設伴隨迷惑的內心本身，有境、對境，都是屬於世俗諦。表示勝義諦的部分，不是用內心的思惟能夠去了解的，也不是用詞句可以去說明的。所以羅睺羅的偈子中：「離言思詮勝慧到彼岸」，「離詞離名言矣」，甚深空性，是沒有辦法用詞句去解釋。

如果要趣入二諦的內容，應當要了解空性的意義。不僅如此，佛所開示的關鍵教法、重點，在甚深空性的部分，如果要完整的建立，必須要靠二諦的理論。要了解整個佛法，實際上是要從了解二諦才能夠深入的。針對這點，月稱菩薩在《入中論》就談到：「如果不了解二諦，就不了解甚深的空性、佛的法義。」倘若一個人不能了解二諦，那麼對於佛法深奧的部分，就無法理解。所以二諦的理論非常重要。假設對二諦僅是具有粗略的模糊概念，也能慢慢地了解空性的整體面貌。

61

證悟覺受青年快樂般，喜樂無詮說矣定日人。

當了悟空性的覺受、證悟、甚深空性的法義等覺受出現時，這種快樂是無法言喻的，因此說「喜樂無詮說矣定日人」。這種沒辦法向別人說明的證悟喜樂，卻是可以明顯感受到的。在證悟甚深空性的時候，有沒有辦法領受到這種快樂？可以。但是這快樂本身是無法言說，因爲不是一般世間的苦、樂感受。這是指煩惱、妄念、痛苦毫無沾染到的那種情況，這種快樂是不會變異的快樂。

透過見地了悟甚深空性的時候，也就領受到煩惱、妄念滅掉的快樂，痛苦完全沒有蓋障到的那種快樂。但是要去跟別人解說那是何種快樂，卻是沒有辦法的，因爲那種喜樂是無法詮釋、說明的。

62 明空無別水中明月般，任皆無貪礙矣定日人。

「明空無別」是講內心的實相，就我們心的實相而言，本質當然是「無生」，「無生」是空性的部分，但是我們談到空的時候，何者為空？是一個沒有的東西，是空的？我們談到空的時候，到底何者是空呢？「何者」就是自然能明白了解的覺知，有一個能明白了解的能力。那個能明白了解的能力是空的，那個覺知的能力就是「明」，所以「明」跟「空」合在一起，就是內心的法性、內心的實相。

就內心的法性而言，有一個光明的性質。但這個光明能明白的心性本身，是最初「無生」，中間「無住」，最後「不滅」，不生、不住、不滅，本質是空的。所以「明」跟「空」合在一起，就稱為明空雙運、明空無別。之所以用水中的月亮來比喻明空雙運，因為在水裡的月亮，雖然可以看得到，是明亮的；但是趨近想撈時，卻無法摸到，因為月亮不是真實存在水裡，所以水裡的月亮也是「空」的，不是真的。雖然可以看到，但摸不著是爲空，就是明空雙運，心性的本質就是這樣。

但是心性的實相，不是空空洞洞，什麼都沒有。心本身的自性是光明的、有明白的力量，這個能明白、光明的本身而言，是不生、不住、不滅的，具有空的性質。這裡說的是「明空」，是明空雙運，結合在一起的性質。所以「明空無別」如同「水中明月」。但因爲心性光明，本自空明之緣故，當然就沒有任何貪念與阻礙。因爲心性不是一個有形的物質體，自然也就不會想去緣取，不會有貪念，也就不會有阻礙，所以「任皆無貪礙矣定日人」。

63 顯空無別如同虛空般，心則無中邊矣定日人。

顯空無別

眾生的心性沒有中間、沒有旁邊。「顯」是指內心的所顯，內心所顯現出來的對境，都稱之爲「所顯」。「顯空無別」，這所顯是指輪迴的所顯、涅槃的所顯；總之一切在我們內心所顯現出來的對境，全部都是所顯。所顯是怎麼出現的呢？因爲「緣起」。因爲緣起之故，就出現了各類的景象，這稱之爲「緣起所顯」。輪迴跟涅槃的一切，是緣起的所顯。不過當這些所顯出現的時候，是自性成立爲空的空性。所以稱之爲「顯空雙運」、「顯空無別」。

例如茶杯有一個樣子、形狀，這是一個所顯。但是如果我們去分析這顯現的杯子？就找不到，因爲它自性爲空。所顯跟空性的部分合在一起，就所顯本身而言，這個法、這個所顯，我們要去找卻找不到，因爲自性爲空。是自性不生，是顯空雙運合在一起。因此就空性而言，不是空空洞洞什麼都沒有，而是結合了一些緣起的條件故而顯現，所以即使是在空性的情況下，有一個緣起的力量，這緣起就會顯現出各種所顯的萬法，包含輪迴跟涅槃的一切所顯，所以是顯空雙運。

緣起的所顯

對顯空的部分而言，這個所顯是空性的。任何所顯是怎麼出現的呢？就是要靠因緣和合等條件集合而成。萬法的顯現不是單獨存在的，不是一個單獨條件就可以存在，是要靠很多因緣條件集合在一起才能形成，所以稱「緣起的所顯」。

例如茶杯、柱子、山河、大地等，是在很多因緣的條件之下集合而顯現的，不是僅僅單獨一個條件就可以形成，這是不可能的。可是我們內心會想成就是單獨的一個、一個茶杯、一根柱子。這種想法稱之爲「諦執」——諦實成立的執著，這是一個錯誤的認知。如果仔細地去分析，外顯是由很多的部分、很多的條件，集合起來而形成的，是因緣條件集合所形成的，不是自己單獨存在的，是緣起的集合。

緣起性空

就「緣起」來說，「緣起」這兩個字，就表示不是單獨的條件形成的，不是單獨存在的。用緣起的邏輯去推理，主要的目的是爲了要成立空性的理論。怙主龍樹在《中論》開示：「未曾有一法，不從因緣生，是故一切法，無不是空者。」不是緣起之法，從來沒有存在過；不是空性之法，絲毫也沒有存在過。這是指就萬事萬物而言，倘若說法不是由緣起而形成的，這道理是謬誤的。因爲法的形成是靠很多因緣、條件集合在一起而形成的。假設是由因緣條件集合在一起而形成的法，那就證明萬法是空性；因爲是因緣條件集合而成的，那麼山河大地的周遍就都是空性。因此，凡是緣起的法不是空性，那是根本不可能的。所以不是緣起的法，一個也沒有；不是空性的法，一個也沒有。用緣起的法則成立的法界，就是甚深的空性。

萬法空性

怙主龍樹在《中觀根本慧論》（即《中論》）加註中談到：「萬法是空性。」萬法是空性而成立的原因，在裡面有說明。龍樹菩薩在《中論》中說：「因為緣起之故。」為什麼緣起必定是空性呢？僅僅從「緣起」字面上去了解就可以知道，「緣」是因緣條件，「起」是形成，因此了知「緣起」就是在很多的因緣條件之下集合起來，才能形成這個法；並且表示：某一個法，是自己單獨而存在、是自主而存在、是依靠自己一個條件而存在，這種情況是跟本不會發生的。一定要靠很多的因緣條件，集合在一起才能形成。總之，必須要靠很多的因緣條件集合所形成的法，就證明由自己、單獨形成的情況是不可能成立的，也就證明「緣起」必定是「空性」。

顯空雙運

一般人接觸一切所顯現的法時，如色、聲、香、味、觸等，都有一種諦實成立的執著存在著。他們所認為的空性是，除了眼前的這個法之外，另外還有一個單獨的空性存在。這樣去了解「顯」跟「空」，認為兩者是單獨、是各自分開的，這種想法是非常嚴重的誤解。這裡談到「顯」、「空」，「空」的意思是指「所顯」的本身，不能離開那個「所顯」。就所顯現的色、聲、香、味、觸法本身，本質是空性，因為是靠很多因緣條件而形成的。如果無法了解這一點，把「顯」跟「空」單獨分開，是無法了解所顯現的法是空性，卻當作還有另一個所顯的法，另外還有一個空性，如果是這樣想，對這個所顯現的法，會產生諦實的錯誤執著，就無法「破執」。如果對萬法的諦執、我執不能破除，那由諦執、我執產生的貪、瞋、癡，也就無法破除。這些煩惱不能破除的後果，就是墮入輪迴，當然就無法離開輪迴而得到解脫。

因此，應當要了悟，任何所顯之法，法本身是自己成立爲空；自己本身所顯現的法爲空性，空性是自己成立爲空。這一點要好好了悟，才能證悟空性。密勒日巴開示：「究竟的見地是什麼？就是所顯現的部分，這個法本身就有空性的性質。顯空是無別的，有了這種了悟與見地，才算是徹底的見地。」

針對顯空的部分，至尊仁波切宗喀巴大師做了非常深入的開示，在《三主要道》裡面談到：「何時分別各執著，無欺緣起之顯現，遠離所許之空性，爾時未證佛密意。一旦無有輪番時，現見無欺之緣起，斷除一切執著相，爾時見解即圓滿。」這頌文談到的是所顯緣起——色、聲、香、味、觸等所顯的法，怎麼出現？怎麼看到？爲什麼我們看到山河、大地呢？因爲緣起——是因緣條件聚合在一起之故，就顯現了。「無欺緣起之顯現」，指示緣起法則所顯現的某一個法，這法本身自己成立爲空，所以有空性的性質在裡面。所以對顯分的了解，對空性的了解，這兩個如果「分別各執著」，如果認爲兩者是單獨分別存在的，把顯分的了解放一邊，空分的了解放在另一邊，如果是各別分開去了解，那麼表示此人還沒有理解釋迦牟尼佛的想法。「一旦無有輪番時」，如果不將顯分跟空分單獨分開，了悟到顯分和空分是相同的、無分別的，則是「現見無欺之緣起」，那麼對於諦實成立的執著也就沒有了。若能「斷除一切執著相」，如果能這樣證悟的話，「爾時見解即圓滿」，那麼在見地方面的觀修就算圓滿了。

「如同虛空般」，用天空來比喻顯空雙運。天空本身沒有中間，沒有旁邊，我們不能講這裡是天空的中間，那裡是天空的旁邊。天空遠離一切的執著；不能說天空是有、是無，天空離開一切戲論的執著。「心則無中邊矣定日人」是指心性，我們內心的實相、內心的心性本身。顯空雙運的心性本身，就像天空一樣，沒有中間、旁邊，是一個面，離開了一切邊，離開了一切的戲論。心性本身是遠離一切戲論的。

64 憶念無渙美女明鏡般，彼則無宗義矣定日人。

「憶念無渙」，在禪修的時候，專一的憶念，緣取萬法空性的意義。一心專注在法性意義的情況之下，當然就沒有胡思亂想、沒有妄念，也沒有渙散的念頭，純粹專注在觀修安止、禪定的對境上。「美女明鏡」是個比喻，如同美女照鏡子般，很專注地看著鏡子裡面自己的容貌，沒有任何妄念，很專注地一直盯著看。

「彼則無宗義矣定日人」，是指心專一安住的時候，「無宗義」是沒有胡思亂想的想法，像妄念、執著，破這個、立那個，很多理論的思惟都沒有；因爲那時是非常專一安住的情況，所以「彼則無宗義矣定日人」。

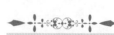

65 覺空無別鏡中影像般，彼則無生滅矣定日人。

這「覺」是指覺性，我們本然覺性的本身。經常談到的覺性，就是內心本身不假造作的部分——不假造作的神識、心識、本然的覺性。覺性本身當然還是空性，是覺空無別、覺空雙運的，就像鏡子裡面所出現的影像一樣。

因為是鏡子，所以各種影像都可以清晰映照。當鏡子裡面出現各種東西影像的時候，這些是不存在，是空的。所以「覺空」也就是這樣子，就覺性能顯而言，具有明白、了解的力量，自然明白、自然了解；但就覺性本質而言，卻是空性，是離開生、住、滅這些戲論的。「彼則」就是那個覺性本身，「無生滅矣」是沒有生、沒有住、沒有滅，是空性的。

內心實相的見地、觀修、行持、果位

我們談到佛法，通常會講四門——見地、觀修、行持、果位。噶舉派的前輩、上師們，談到佛法的理論，特別是談到大手印的禪修解釋見地、觀修、行持、果位的時候，全部都是配合內心實相來解釋。大手印禪修解釋見地、觀修、行持、果位的口訣談到：「看著自己的內心就是見地，其中不渙散就是觀修，不離開此就是行持，證悟實相現前就是果位。」自己內心的本貌，不假造作的部分，如果能這樣去看著，這就是佛法說的「見地」；如果看著內心不造作的性質本貌的時候，一點也沒渙散，沒有胡思亂想的念頭，這個就稱之爲「禪修」；在日常生活、衣食住行、行住坐臥中，都沒有離開心的本貌，看著內心本貌不假造作的部分就是「行持」；這個不假造作的內心本貌，如果能完全現前，沒有任何遮蓋而完全顯露出來，這就稱之爲「果位」。由上可知，噶舉派的上師，解釋見地、觀修、行持、果位時，都是配合內心實相來做解釋。

這裡談到「覺空雙運」的部分，也是一樣從心性、覺性來做解釋。在大手印裡面也有這樣的說法：「直接的看著就稱之爲見地，不渙散就是觀修，平常在日常生活中無論行住坐臥都能不斷地維持就稱之爲行持。」

見地脫離一切的宗義，安住在見地上面的時候，本身沒有妄念、執著，破什麼、立什麼，沒有這些理論的分析思惟；所以見地本身是脫離宗義的。就是「彼則無宗義矣定日人」，這在大手印的口訣裡面也談到，見地本身是脫離宗義的。

66 樂空無執雪山日出般，彼則無認定矣定日人。

「樂空無執」，是指在禪修的時候，當有樂明無妄念的覺受出現時，都要了解這些覺受本身是空性的。之所以取樂空來做比喻，是當快樂的覺受出現時，快樂本身也是空性的，不應該去執著，切莫去執著這快樂本身的相貌、作用如何，要知道這些都是空性的，這就是「樂空無執」。當無妄念出現也是空性，樂空本身是明空雙運，對這些樂明無妄念出現時，切莫有貪念、執著。以證悟的見解，沒有任何的煩惱，這就是大樂，這個見解也是空性，所以叫樂空無別。

「雪山日出」是比喻，如果我們到雪山看日出，雪山高峰的雪是不能直視的，因爲太亮了，如果太陽又照射在上面，更加不能直視。所以這些樂明無妄念的覺受出現時，應當知道它是空性，切莫產生執著。「彼則無認定矣定日人」，切莫去執取，認爲這是快樂的覺受，並產生貪念，切莫這樣。「雪山日出」就是沒有辦法去認定、去指出。

67 閒聊無痕谷音空洞般，於聲無所執矣定日人。

閒聊等這些世俗的事毫無意義，閒聊本身就只是聲音現象，應當作是空洞的聲音，切莫產生執著。「無痕」是沒有痕跡，就像空谷回音，空谷回音就是在深山裡面喊的時候會聽到的回音，在空曠的房子裡面喊也會有回音，「回音」本身就只是「回音」，它是空的，而閒聊也是如此。聲音本身是空性，剎那就消失，空谷回音也是一樣，剎那就消失。因此「於聲無所執矣定日人」，切莫對閒聊的聲音產生貪念、執著，例如認爲是好聽的聲音、不好聽的聲音、辱罵的言詞或讚美的言詞等，在聽到聲音話語之後內心產生高興、瞋恨等情緒反應，這些都不需要有。

蓮花生大士曾開示❷：「所顯的聲音不論好不好聽，聲音都是空性，聲空無生是勝利者佛的語言。聲空是指聲音是空性，聲空雙運對上師作頂禮。」就是指，我們聽到好聽的聲音，讓我們歡喜的，或是仇人怒罵相向、不好聽的話語等聲音，總之，好不好聽實際上是剎那就消失的，因此是空性的。對聽到的一切，不論是悅耳或不悅耳，都切莫產生執著，應當知道這是空性，切莫追隨所聽之後內心產生的執著高興、喜悅、憤怒等，這些都不要有，要知道聲音本身是空性，是無生。因爲「聲空無生」，這就是勝利者諸佛的語言。要這樣去了解聲空的自性去作觀修。

聲音是空性、是無生的，「聲空雙運」的部分，就算沒有證悟，沒有現前，對各種好聽或不好聽的聲音，也切莫有諦實成立的執著。由諦實成立產生的執著要盡量減少。如果在這一生當中，平常能做到這樣，內心會得到很多的快樂，煩惱、貪念、瞋恨等，也會逐漸減少，在生活方面會有很大的幫助。

我們看到現今社會上一般人對於聲音的執著很強烈，無論聽到好聽或不好聽的，內心對這些聲音會產生強烈的執著，由這些強烈的執著會引發自己內心的貪念、憤怒、嫉妒等，因此衍生很多的紛爭。因此對聲空雙運的部分，就算是沒有證悟，也要善加思惟聲音是空性的道理，好好地思惟空性的法義，慢慢地在內心對聲音的執著便會逐漸減少。

---

❷語出《蓮師七品祈請文》中第四品南開寧波請問品：「顯現於耳所聞一切音，執取諸音悅意不悅意，聲空無二安住離思性，聲空無生無滅乃佛語，聲空不二佛語我祈請，鄔金貝瑪迴內我祈請。」

68 苦樂惑輪琵琶弦體般，因緣業力合矣定日人。

因緣業力所配合形成的就是「苦樂惑輪」，比喻如琵琶琴弦般。我們這輩子是苦樂參半，有很多的痛苦、很多的快樂，這些迷惑像輪子一樣，一個接著一個而來。無論如何，在生活裡面所顯現的痛苦也好、快樂也好，實際上都是因爲以前的業力、煩惱、無明所形成的。

有如「琵琶弦體般」，彈奏琵琶琴弦非常的悅耳好聽，這聲音怎麼來的呢？那要靠很多的因緣條件。沒有琴弦就不會有聲音，然而若僅有琴弦，沒有琴身也沒有用；有了琴身和琴弦，還要有一位演奏的人去撥動，要有這麼多的條件集合在一起，才能發出好聽的聲音。所以琵琶琴弦的聲音，要靠很多的因緣條件集合而成。

一樣的道理，我們所遇到的痛苦、快樂，是靠很多的因緣業力配合才形成的。由善業、罪業形成快樂、痛苦，很多因緣條件業力集合起來所形成的。了解這點之後，我們要知道行善、去惡等這些苦樂本身不是諦實成立，要靠很多因緣條件組合形成，不是自己成立的，能夠這樣去了解是非常重要的。

69 輪涅自解稚童遊戲般，心則無生滅矣定日人。

「輪涅」是輪迴跟涅槃，輪迴是迷惑錯亂所顯，如山河大地等；涅槃是寧靜、離開痛苦等。「自解」是說這一切都是自己解脫。這裡「自己解脫」指的是：輪迴跟涅槃的一切萬法，本質都是不能成立自性，都是空性。輪迴跟涅槃其實都是由自己的心性顯現的，假設我們能證悟內心的法性，當然輪迴跟涅槃就消失了，所以輪迴跟涅槃是要由自己去解脫的。

輪迴跟涅槃怎麼解脫呢？要證悟心性。因爲由心性所形成的輪迴跟涅槃，如果證悟了心的實相，輪迴跟涅槃就原處自動解脫了。原處解脫，這就是輪涅不二。

輪迴跟涅槃在內心實相上解脫，內心實相本身「心則無生滅矣」，心的實相本身是空性，是不生不滅、無生無滅，是空性的。用「稚童遊戲般」作比喻，小孩子玩家家酒，他們不會有太強烈的貪念、執著，小孩子用泥巴捏房子、車子，他會很執著這是眞的房子、車子嗎？不會，因爲這只是個遊戲，所以不會有諦實成立的貪念、執著。

其次，小孩子捏的房子、車子，是自己捏造出來，當不玩的時候，就把它破壞掉了。自己做出來，自己破壞掉，所以叫做原處自己解脫。所以輪迴跟涅槃的這些法，自己會解脫，在甚麼地方解脫呢？在心的實相上。如果我們證悟了心的實相，輪迴涅槃就原處解脫了。心的實相、心性本身是不生不滅的大平等性，這點要好好了解。

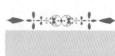

70

外在戲論攝於已內心，冰塊溶成水矣定日人。

外在的一切戲論、一切萬法，是從何而來的呢？是由內心形成的，佛經裡面佛曾開示：「心形成世間」。因此，這些外在的情器世間，實際上是由心形成的。由心形成之故，會收攝在哪裡呢？收攝在心上。後面用的比喻是「冰塊溶成水矣」，就是大大小小各種的冰塊，不論是冰山或是雪花，最後融化的時候，都是一樣的變成水。因爲是由水形成的，所以最後當然也是融化成水。換句話說，外在、內在情器世間的一切，都是由心形成的，解脫也在心上解脫，收攝也是在心上收攝。

71 無明惑輪草原冒水般，無可擋而除矣定日人。

自心有不明白、不了解的無明，由無明產生執著，接著就是貪念、瞋恨、愚痴，這些妄念一個接著一個，像輪子一樣的持續不斷、不停的轉動。迷惑的內心持續不斷地產生貪、瞋、癡等，如同「草原冒水般」，像夏天的草原上不斷的冒出水一樣，是擋不住的。廣大無邊的草原，這邊冒一些水，那邊冒一些水，怎麼擋得住呢？想擋是不可能的，故說「無可擋而除矣」。當我們內心有無明存在的時候，由迷惑錯亂而產生的貪念、瞋恨、傲慢、嫉妒等的妄念，要全部擋住是不可能的。所以，妄念本身不是說我滅這個或滅那個，就可以全部消除，這恐怕不太可能，是故說「無可擋而除矣」。

對於這些貪念、傲慢、嫉妒、瞋恨、愚痴等迷惑的妄念，像波濤洶湧的海浪一樣，一波接一波，根本不可能停掉。應該怎麼辦呢？有問題就應該尋求根本解決之道，從根本處消除。一切迷惑錯亂的心根源在哪裡呢？在無明，在我執。所以如果把我執、無明斬斷，那麼貪、瞋、癡等煩惱就全部消除了。

例如很大的一棵樹，上面有很多樹枝，我把這些樹枝全部都剪斷，但是剪斷一處樹枝，另一處會再長出更多的枝葉；再剪一根樹枝，又會長出更多的枝葉。所以不需要這樣做，只要把樹根砍斷就好了。樹根只有一個，只要把樹根斬斷，問題就迎刃而解了。根本不用管上面的枝葉，斬斷樹根後，屆時樹木自然全部就乾枯了。

一樣的道理，迷惑錯亂的內心裡，這些貪念、瞋恨、愚痴等妄念可多得不得了，不需要一個個的滅掉，只要消除根本就好。妄念的根本就是我執，就是諦實成立的我執，只要把這個部分滅掉就好了。我執的對治是無我勝慧，證悟無我的了空慧，以甚深空性的了悟，就能把我執滅掉。內心空性的部分，用訣竅的方法去證悟，由尋找自己的心去證悟甚深空性，一切的妄念自然就消泯掉。

72 輪涅惑顯如同驚遇敵，援軍勝上師矣定日人。

輪迴涅槃的一切所顯，有很多迷惑錯亂的部分，這些所顯的景象各式各樣非常多，有時好像「如同驚遇敵」。例如走在路上突然遇到土匪、強盜，令人膽顫心驚，在輪迴裡面的情況也是這樣。輪涅是迷惑錯亂所顯，不想要遇到或發生的，就偏偏遇到了；遇到的時候，怎麼辦呢？「援軍勝上師矣」，假設這時候有援軍、有軍隊兵馬陪著我，那就不怕了。援軍就是殊勝的上師，要先尋找上師、依止上師，在上師尊前聽聞口訣，再按照所開示的內容努力去實修，這樣就能把輪涅迷惑錯亂的所顯消滅掉，這時就不會「驚遇敵」，即使遇到仇敵也不會膽顫心驚。上師是最好的援軍，依靠上師的殊勝指導，消除遭遇顯相的種種驚恐，所以說「援軍勝上師矣定日人」。

73 五身自明如看金洲般，期疑取捨無矣定日人。

佛的一切功德對凡夫身來說是很難具足的，但是如果證悟心的實相，那究竟佛的功德，當然就包括在裡面了。這裡談到五身——五身是佛的功德，我們前面談到過四身。五身是指化身、報身、法身，這三身無別就是自性身，以及不變金剛身。因爲心的實相是永恆不會改變的，就其不會變異的特質來說，就稱之爲金剛身——不變金剛身。這是佛的五身功德，五身的功德在心的實相裡本就具足、不假外求，稱之爲「自明」——自己本來就具有，本來具有「明」的功德。

假設證悟了內心的實相，此時會發現佛的五身功德，本來就已經齊備具足了。舉例來說，「如看金洲般」，有如登上了金銀島，「洲」是小島，「金洲」就是充滿黃金的小島，沒有泥土，也沒有石頭，到處充滿黃金。所以當證悟心的實相時，心的實相裡佛的功德本來就具有，本來就圓滿、無缺，到那時一切都是佛的功德。因此，不清淨的部分如何能顯？如土石的汙穢部分，根本就沒有的。所以「期疑取捨無矣」，指沒有期望、沒有懷疑、沒有取、也沒有捨。佛陀的究竟功德，在心的實相裡是本來就具有的，不必向外尋找，不必期待重新得到佛的功德，或是懷疑我還會不會陷入輪迴裡，擔心無法成佛，這些都無需擔心。因為究竟圓滿佛的五身功德，在心的實相中，早就本然具足、圓滿與齊備。

如果證悟了心的實相後，還會不會有一個涅槃的部分——「希望我要去得到」？這種情況是沒有的，因為涅槃究竟的果位，在心的實相上也是本來就具備的，所以不用再期望「我要趕快去得到」。此外，心的實相是佛的四身、五智，這些功德早就已經俱有。所以不必說，「我要去取得，要去得到」。因為已經具有了。如果證悟了心的實相，例如貪念、瞋恨、愚痴、我慢、嫉妒，這些迷惑錯亂的妄念，不管產生什麼妄念，都會在心的原處解脫。因為貪念、瞋恨、愚痴等妄念，不是離開心的實相而單獨存在的。妄念並不是在心的實相之外單獨存在的，一切的妄念，實際上都是在自己心的實相而形成。如果了悟這一點，那麼貪、瞋、痴等三毒出現的時候，也無法污染心的本性。了悟心的實相後，煩惱就會解脫為本智。

74 暇滿人身如同金珍寶，盼莫無義虛耗定日人。

「暇」是「閒暇」，指的是我們有時間可學佛；「滿」是「圓滿」，是說已經具足許多學佛的善緣條件。有時間可學佛，加上具足外在各種順緣條件，兩者條件都有，那就是「暇滿」了。排除了逆緣，順緣齊備，在這種情況下人的身體用於實修佛法上，力量就會很強大，這樣的人身是很寶貴的，這就是「暇滿人身寶」。

「暇滿人身寶」，這是比喻人身就像金銀珠寶一樣非常有價值。「暇滿人身寶」是極其珍貴且難以得到的，能成辦大事，有非常大的能力，應該要好好地善用，「盼莫無義虛耗」，切莫無意義的虛耗掉、浪費掉。暇滿人身寶可能只有這一輩子，例如用來造作惡業、懶散、沒有修行，僅僅只是在這輩子裡滿足衣食、生活享樂，虛度光陰。如果是這樣，就會把暇滿人身寶浪費掉了。「盼莫無義虛耗定日人」，所以切莫這樣虛耗人生。

74 暇滿人身如同金珍寶，盼莫無義虛耗定曰人。

在六道的生命中，我們人道是六道之中力量最大的。爲什麼這樣說呢？因爲在六道的生命中如果談到快樂幸福，居冠的可能是天神，而極度痛苦的，應該是地獄道眾生。講到身體力氣最大的，可能就屬動物了，例如大象、獅子。就人類來說，什麼力量最大呢？是聰明的力量大、心的力量大。

六道之中心的力量最大的就屬人類了。人類比起其他生命來說，是最爲殊勝的，因爲人心有一個能明白、了解的能力，有聰明的智慧；這樣的力量極爲殊勝，其他的生命是無以倫比的。因此，人類倘能善用聰明的力量去實修佛法，在佛法上可以證得極高的成就。所以就實修佛法來說，在六道裡面，人類的身體最適合修行。

如果能運用人類的身體去實修佛法，這種身體堪稱爲「暇滿人身寶」。爲什麼這麼說呢？因爲若只是得到人類的身體，不一定會去實修佛法，這種情況僅是「人身」，但不能說是「暇滿人身寶」。譬如在人類中權勢非常大的，像國王；財富非常多的，像富翁；這些人非常有權勢或有財富，但身體卻不符合「暇滿人身寶」。因爲他們沒有利用這身體去實修佛法，雖然有這麼大的權勢或財富，但所成辦的僅止於這輩子權勢與物質享樂。他們沒有善用這寶貴的身體來實修佛法，累積善行創造下輩子的快樂幸福。

用人類的身體去實修佛法可以把生老病死的持續之流斬斷，能夠把一切的煩惱滅掉，把輪迴中善、惡道的痛苦都滅掉，得到永久快樂的寧靜解脫、涅槃佛果，這些都是靠「暇滿人身寶」去達成的。有權勢的國王、有財富的富翁，雖然極力謀求這輩子的幸福快樂，但是就解脫、涅槃、斬斷輪迴的續流來說，他們卻沒有達成；所以他們只能算是獲得人類普通的身體。修行人就不同，他們會運用這難得的身體達到解脫輪迴、成就佛果的功德。所以修行人的「暇滿人身寶」，比起國王、富翁的身體還要更加殊勝。

就實修佛法的人而言，所追求的目標是高瞻遠矚、廣大無邊的。因此，實修者的「暇滿人身寶」比起其他人都要更加殊勝，比起國王、富翁等普通人類的身體還更加殊勝。權柄大的國王，財富多的富翁，到了往生的那天，身邊珍寶都將化爲烏有。例如現在的總統，可能四年、八年任期結束之後，頓時變成普通的百姓；像富翁，當全世界經濟不景氣時，可能明天就破產、身無分文。就算他一輩子都當國王，或一輩子都很有財富，死亡後下輩子會去什麼地方呢？那就不知道了，因爲他沒有斬斷輪迴續流。

前面提到西藏的「你往地獄先得官爺身」這句俗話，由此可見，這輩子是官員、富翁，下輩子可能是狗、貓或是墮入鬼道地獄去的眾生。怙主龍樹在《親友書》裡面談到：「即使是大梵天神、天帝釋，只要沒有脫離輪迴，將來一定會墮落投生在輪迴裡面。」大梵天神、天帝釋雖然目前投生在天界，但是經過百年、千年、萬年之後，等到福報業力窮盡，就會從天界墮落下來。一旦下來，或許好的投生成人類，或許變成狗、貓、鬼或地獄眾生，都有可能，因爲業力輪迴就是這樣。因此，善加思惟，善加實修，務必把輪迴之流徹底斬斷，這目標雖是又高又遠，但成果卻極爲殊勝。心中要時常這樣思惟：「把生老病死輪迴續流斬斷，得到永恆不變的快樂，這樣努力做實修的暇滿人身寶，是多麼好、多麼殊勝的事呀！」

暇滿人身寶非常難以得到，寂天菩薩在《入菩薩行論》裡說：「暇滿人生極難得，既得能辦人生利，倘若今生利未辦，後世怎得此圓滿。」暇滿人身寶既然是非常難得的，當然應該好好珍惜。一旦得到了，可以成辦偉大的功德。偉大的功德是什麼呢？就是把痛苦的續流通通斬斷，以後再也沒有痛苦的負擔了！輪迴裡面有許許多多的痛苦，把這些輪迴續流徹底斬斷，就能獲得永久不變的快樂。這輩子倘若不修行的話，將來死亡之後，能不能再獲得到暇滿人身寶呢？那肯定是非常困難的。所以才會說「後世怎得此圓滿」。

75 大乘法理如意寶珠般，雖尋亦難獲矣定日人。

要去那裡尋找「如意寶珠」呢？這是非常困難的。「大乘法理」難尋就像如意寶珠一樣，就算去找，也不一定就能找得到，就像尋找如意寶一般，「雖尋亦難獲矣」，大乘難聞的佛法就是到處尋找都未必有把握找到，所以用如意寶珠來形容其珍貴。

如今，我們得到暇滿人身寶，又能值遇具德的上師、善知識，再加上能聽聞到佛法中的大乘教法，這眞是多麼千載難逢的因緣呀！竟然一起具足齊備了，這不是微乎其微嗎？「雖尋亦難獲矣」，就是這個意思，是不容易遇到的。有句話這麼說：「人身難得，佛法難聞，善知識難遇。」這些因緣要聚在一起是多麼的困難，是累世修行的大福報。

大乘教法的特色與成效

在大乘法教裡面，所開示的慈悲心、菩提心、空性的見地，如果能如理如實的實修，不要說下輩子，即使是這輩子都能夠去除各種的困難障礙，幸福快樂都可以實現。因為大乘法教有這種殊勝的特色，所以現在世界上，大乘教法已經逐漸地廣大傳揚開來，特別是在歐美地區有這樣的情況。可是歐美人士醉心大乘佛法時，是不是一開始就具有希求成佛去利益眾生的心念呢？不是的，他們大部分初發心只是想聽聽看，或者心想：「我希望能夠得到快樂幸福。」大乘教法為什麼會流傳開來呢？當他們去追求快樂之道的時候，赫然發現原來大乘法教裡面，所開示的慈悲心、菩提心等的部分，能夠讓人品德高尚、內心能安定喜樂；學佛之後，大家都會主動去幫助周圍的人，社會因此變得更祥和，人心更穩定，甚至能讓國家文明進步。學佛之後，的確發現佛法能使煩惱減少，禪修能讓心性更加平穩，當他們發現這種特色與效果後，對佛法非常的驚奇、讚嘆；因此，越來越多西方人士學習大乘的教法。佛法並不是他們傳統的宗教，基督教、天主教才是他們主要的信仰。西方人士現在內心熱切追求的，已經慢慢地轉向佛法的教理。在二十一世紀的時代，科學昌明，知識普及，佛法的傳播卻更加快速，特別是大乘佛教。現在很多的高級知識份子、碩士博士者在學習佛法，他們最初的動機雖不是要成佛利益眾生，目的僅是希望能得到幸福快樂；後來發現靠著佛法的教義與實修，要達成前面所提到的目標很容易達成。因此佛法的教義讓西方人士非常的動心，所以一窩蜂地熱烈追求，大乘教理在西方於是迅速傳開。

二十世紀時，科學被世人所推崇，大家非常信任科學，當時最偉大的科學家愛因斯坦曾經說過：「能夠陪伴科學的宗教只有佛教，跟科學相輔相成的只有佛法，特別是大乘的佛教。」這就表示大乘佛法跟科學之間有可對話、討論的題材，道理是相通的。幾年前法國召開了一項有關科學的討論會議，近百位科學家共同討論的內容是二十一世紀不可或缺的教導，那是什麼呢？其中特別重要的一項就是佛法。佛法的理論深廣而實用，是二十一世紀所不可欠缺的精神糧食，對世界和平與社會進步有非常大的幫助。

可是，科學家討論的佛法，都是比較粗略的方面，偏向世間法利益的，例如能夠給自己這輩子帶來幸福快樂，能夠給世界帶來和平，能夠讓人心向善，能夠讓社會進步祥和，諸如此類。以上這些當然有功效，但這些都是外顯且狹隘的功效層面。佛法裡面還有更深層廣大的部分，例如佛法的解脫道、涅槃果、菩提心等，且修解脫道、行菩提心去利益眾生，以上那些世間法目標依然是可以達成的、不相違背的。眾生只要有輪迴，生生世世都有痛苦，痛苦不斷地持續、增長，如何把痛苦的續流斬斷，得到究竟永久的安樂呢？就是解脫成佛。

今天我們能值遇大乘佛法是多麼幸運的事呀！因此各位應當好好珍惜這得來不易的機緣，進入大乘法門，去不斷地聽聞、思惟、實修。修行就是一種生活實踐，實踐於日常生活當中。因爲是千載難逢的機會。所以說「大乘法理如意寶珠般，雖尋亦難獲矣定日人。」

藏傳佛教的殊勝特色

在佛法方面，大乘、共通乘、顯乘、密乘，整個佛法的理論都被完整保存下來的就是藏傳佛教。爲什麼西藏能夠把佛法完整保存下來呢？這要從西藏的歷史來看。在古代西藏，上自國王、貴族，下至平民百姓，傾注所有的財力、物力與時間，全部投入在佛法上。所以王公、貴族彼此之間極少爭端；花大筆的錢財用在經營選舉、政治上的也很少；花費財力、物力去從事物質享受的建設、享樂，這些也沒有。佛法被非常完整地保留下來，完全是靠財力、物力、人力、時間的投注。各位目前所學習的是大乘教法中的藏傳佛教，大乘、共通乘、密咒乘、顯乘全部都是完整保存的教法；所以各位能在此聽聞佛法，更是具有深廣的福報。

尊者在法會開示的時候，總是齊聚各國人士來聽聞，他談到：「藏傳佛教本身殊勝的特色，是顯、密、大、小乘完整齊備。」這樣的說法，或許有人會認爲是他偏頗、自私的想法，因爲西藏人當然稱讚藏傳佛教呀！法王達賴喇嘛又說：「切莫這樣想，爲什麼不要這樣想？仔細去分析一下，用邏輯推理把原因好好地分析，老衲不是偏袒，藏傳佛教確實存有完整的佛法，確實是世界的財富，如果未來在世界上繼續存在著，對整個世界都會有很大的幫助。假設藏傳佛教消失了，其實對整個世界來說是吃虧的。」這些內容是法王達賴喇嘛在公開場合經常談到的，如果實修藏傳佛的人仔細去推敲，用邏輯去推理，確實會發現——藏傳佛教有大乘、小乘、顯宗、密宗的內容，保留非常完整的教理，所以顯然這並非是偏袒的想法。

76 此世衣食如何皆亦可，至盼專注正法定日人。

我們這輩子，衣服、食物、財富等，能夠得到多少就多少，夠用就可以了，切莫太過於執著、貪求。爲什麼呢？因爲這些都是自己上輩子的業力、福德所成熟的。西藏有句俗話是這樣比喻的：「前途就在額頭上。」這是說，自己的前途、福報如何，端看自己額頭上的紋路就可一目了然了，因爲額頭上的紋路是上輩子的福德業力所顯現。這輩子的財資能夠滿足基本生活需求就夠了，人生的重點是「至盼專注正法定日人」，千萬不要把一輩子的時間花費在生活物質享樂上面，應當用自己的暇滿人身寶去取得心靈菁華，心靈菁華就是佛法。專注在佛法上面，花多一點的時間、精力去聽聞、思惟、禪修，這些是修行人要好好努力的目標。

不是說自己的一切都是上輩子的業力注定的，所以我就可以辭掉工作閒賦在家，等候命運的安排就好，不是這個意思。自己如今能夠有穩定的工作及收入，是自己上輩子的福報、業力的緣故，明瞭之後就更應該努力去累積福德資糧，不該無所事事。上輩子的業力，當然是這輩子人生禍福的主因；可是這輩子的外緣助力卻是自己的努力。所以，基於上輩子福德業力的牽引，加上這輩子外緣的推波助瀾，在這些因緣條件相輔相成的情況下，只要盡力了，能夠得到多少都不必太過計較，少欲知足這樣就可以了。就好好地花心思在佛法的禪修上吧！

切莫花太多時間在衣食住行，以及工作享樂上面，能夠得到多少，上輩子的因果幫你決定了，生活只求溫飽就可以了。奉勸希望各位把握多餘的時間，專注於佛法的聞、思、修上面。

77 至盼年青之時當苦修，老時身體未堪定日人。

「至盼」是敦促語、鼓勵詞，意思是希望你這樣做。「至盼年青之時當苦修」，這意思有「少年不努力，老大徒傷悲」之意。年輕的時候要好好地努力，為什麼呢？因為年輕時思路清楚、記憶力強大，要思惟、默記都比較容易。年輕時，身體柔和、輕靈，做禪修或大禮拜等時，都會因氣力充足、四肢靈活而顯得輕而易舉。所以各位要趁年輕時，好好地努力聞思修。

如果年老體衰的時候，頭腦不太靈光了，四肢也僵硬了，心識跟身體的能量都衰損，要做觀修就不是那麼容易了。有很多人有這種想法：「年輕的時候應該努力工作，努力賺錢；等到老的時候，退休之後，我再去修學佛法。」不過，對於學習佛法而言，這是個懶惰、懈怠的藉口；其次，還等不到老的時候，說不定年紀輕輕便步上黃泉了，因為「死亡無常」呀！年輕的時候可能一直忙於工作，無暇顧及修行，無常死亡來的時候，還來不及等到老；就算可以活到老，也無法順利修行，因為老了色身衰敗，一切都會力不從心。即使那時候想：「我老了應該可以修行了。」但是卻為時已晚、不能回頭了，因為頭腦跟氣力都不像以前，體力精神不濟，無法集中心力實修。「老時身體未堪」，所以應該趁現在，趁年輕時就要努力修行。

78 生煩惱時盼對治即到，相執原地解脫定日人。

「相執」，對色相外表的執著。「生煩惱時盼對治即到」，煩惱是三毒或五毒——貪念、瞋恨、愚痴、傲慢、嫉妒等，這些都是心的煩惱，當心產生煩惱時，只要煩惱一出現，能馬上對治，煩惱就會立即消逝不見，原處就解脫了，所以說「相執原地解脫定日人」。

「生煩惱時盼對治即到」，當煩惱出現的時候能夠馬上對治，如果能夠這樣做，表相的執著就不會繼續下去，原處即解脫；就不會有貪念、瞋恨產生。針對「馬上就對治」的問題，《佛子行三十七頌》也有開示：「煩惱串習難對治，覺智之士正念持，貪瞋癡心初萌起，及時摧滅佛子行。」貪念、瞋恨、愚痴的這些煩惱產生的時候，你如果沒有處理，繼續下去就會變成串習，煩惱的力量就會越來越強大。「串習」就是養成習慣；當習慣被養成以後，要去對付就非常困難。所以聰明之士，應當操持著憶念、正知等對治的武器，在貪念、瞋恨、愚痴剛出現的時候，馬上就用這武器去平息，如果能努力這樣做，那就是佛子行。

79 盼常憶念輪迴之痛苦，即是滋養虔信定日人。

「滋養虔信」，滋養虔誠的信心，讓信心越來越強烈。這偈子談什麼呢？「盼常憶念輪迴之痛苦」，在輪迴過患痛苦的部分，要經常地去憶念。如果經常思惟輪迴痛苦的人，對業力因果的相信、對輪迴的出離心、對三寶的信心等，會越來越強烈，好像得到滋潤一樣，所以說「即是滋養虔信定日人」。在輪迴過患的部分，行者應該要盡量的禪修、去思惟、去了解，這是很重要的。

輪迴的過患處，若能善加思惟了解，對修行會有很大的幫助。例如我們身體所遇到的疾病，或是遇到的種種障礙，還有生老病死等等的痛苦，一生的苦與樂，其實就像水面的波紋，像大海的波浪，一波接一波，苦樂參半，生命的相狀就是如此。一輩子都快樂的人應該很少，全部都是痛苦的大概也不會有，所以大多是苦樂參半。可是有許多人，當他們身體罹患絕症，或是遇到一些重大打擊、困難的時候，他們常會發出無法接受、難以置信的不平：「爲什麼這事情會落到我身上？爲什麼偏偏是我遇到？」此時，心裡面會極度憤怒、不滿，甚至咒罵上天、怪罪別人。可是如果能夠瞭解輪迴的過患，生老病死本來就是輪迴的現象呀！這些在輪迴裡必然會發生的。反之，了解輪迴過患的人，當自己遇到痛苦、違緣的時候，心裡面就會想：「哎呀！這是大家都會遇到的，輪迴本來就是苦的，因爲性質本來就是這樣呀！」此時，對這些痛苦遭遇、病痛橫逆等就容易坦然面對、歡喜接受，這種人對苦的忍受力會較一般人強大。

由上可知，對輪迴的痛苦不甚了解，會產生許多的弊端。一般來說，如果對輪迴的過患有所了解，這種人相對的對其他眾生比較容易產生悲心；所謂的悲心，是去思惟、緣取這些被痛苦所逼迫的眾生：「他如果能離開痛苦多麼的好，我要救渡他離開痛苦。」這種想法就稱之爲悲心。假設不了解痛苦，無法將心比心的話，那麼悲心如何產生呢？不可能。因爲悲心緣取的對象，是受到痛苦所壓迫的眾生；如果不知道痛苦，那如何去同理這些眾生的感受呢？當然也不會希求眾生能離開痛苦，不會認定讓眾生離開痛苦是好事一樁。所以，如果對輪迴的過患、壞處有所了解，對眾生輪迴的痛苦有所了解，當然緣取眾生來產生悲心就較容易多了。

其次，關於出離心及希求解脫，也是要以對輪迴的痛苦有所了解爲前提。出離心是指：「我要離開輪迴、得到解脫」的這種想法。假設個人遇到痛苦時，心裡面總是怨天尤人：「我的運氣爲什麼這麼差？爲什麼只有我才遇到。」這情況便是對輪迴的痛苦不了解。深刻體悟輪迴的痛苦的人，其實是會有出離輪迴的希求心。認爲當人是快樂的，他就會迷戀在輪迴當中，不會厭離。

如果了解輪迴的過患，遇到痛苦、違緣之時，在內心上比較容易坦然接受，比較能釋懷，因爲知道這些事情本就無法避免。其次對輪迴的過患再三的思惟，知道輪迴裡充滿了生老病死等等各式各樣的痛苦；因此無論如何，每個人都會毫不猶豫地矢志要脫離，這時候內心的渴望是非常強烈的。離開輪迴的痛苦之後，就能獲得無苦妙樂及解脫妙果。經常作以上的思惟，出離心、希求解脫就容易產生。因此針對痛苦的了解，不斷去憶念，這點是非常重要的。

80 現在發奮精進登本地，死後無生何處定日人。

這輩子努力精進，好好做實修。「登本地」有很多的解釋，其中之一是解釋成自由自在，作自我主宰、不受散亂業力的控制、不做渙散心續的奴役，自己能獨立自主進行禪修。「死後無生何處定日人」，如果不這樣努力，明天死後投生到哪裡也不知道！

如果這輩子努力行善業、做善事，死亡之後，當然投生在善道，享受快樂。但是如果此微善業都沒有，大部分造作的是惡業，那麼將順理成章地便會投生到地獄、餓鬼、畜生道。所以將來投生在何處任誰也無法預料，唯一有把握的就是要靠自己、現在去努力。

噶當派的上師談到學法的時候說：「切莫將穿鼻的繩子放在別人的手中，要放在自己的手中。」西藏的犛牛，鼻子上拴著一條繩子，順著繩子，人們便可以牽著牠任意西東；而未來的方向與命運，若要能夠自我駕馭，這條穿鼻的繩子當然要交到自己的手上。

80 現在發奮精進登本地，死後無生何處定曰人。

有些學佛的人，一下子聽這個上師傳這個大法，一下子又聽到某個上師說這個法利益殊勝，一定要來學，於是，在修行道上一直捉摸不定，這對修行人來說是一個非常大的障礙。想要實修，就要下定決心，努力實修，而不是隨波逐流，像浮萍一樣，一下往東，一下往西，永遠無法停下來專心修行。這種人就好像氂牛鼻子上的繩索交到別人的手中，缺乏主見，這是很危險的修行心態，一定要避免。

81

壽無空暇如同草頭露，盼除懈怠懶惰定日人。

人不可能與天地同壽，俗語說人生不滿百，況且生命又是無常變化的，這就如同草頭的露水一樣，這一滴露水，當太陽升空、照耀大地後，就慢慢蒸發掉，消失得無影無蹤了。所以說，壽命不是恆常的、也不是堅固的。希望各位要把懶惰、懈怠心去除，積極在身、語、意三門上努力精進，好好地行善、實修。

82 世尊聖教如同雲中日，唯是此次明矣定日人。

「雲中日」，是用雲朵裡的太陽來比喻佛陀教法。佛陀的教法，稀有而殊勝；要能值遇，更是要有甚深的福報。從人類整體存在的歷史來看，佛法住世的時間也不是很久；在人類漫漫長流中，有些時期有佛法出現，有些時期沒有佛教，沒有佛法出現在佛教上稱之爲「暗劫」，有佛教出世就稱之爲「明劫」。再拉開到宇宙亙古以來的時間長流裡，百千萬劫裡大多數是沒有佛教的暗劫，而少數一、二個時期才是有佛出世的明劫。

即使在明劫裡面，有佛出世來開示教法，這個「法」也有存在的時間，歷經一段時間後，佛法也會衰落、滅亡，所以法住世時間不長。其次，佛法住世有傳揚的區域，某些地方有，某些地方沒有。因此，這情況就好像雲層裡的太陽，當雲朵合起來的時候，太陽就隱逸看不到了，就像是佛法消失了一樣。

我們現在的時期是歷經漫漫時間長流後，偶爾出現的一個極其短暫的明劫，在這個時候有佛出現，而且法還尚住世，且各位又能聽聞到開示的教法，這是一個千載難逢的機會，我們遇到了，應當好好珍惜，努力實修，切莫空手蹉跎了。

「唯是此次」是指我們現在。離開了暗劫，遇到了明劫，明劫裡面有佛出世，開示教法，而且是佛法還住世的時代。這好像濃雲密佈的天空間，太陽剛好剎那出現一下，如此的短暫，因此應當好好珍惜。

83 雖思苦樂二者由他報，緣本在己手矣定日人。

我們在這一世裡苦樂參半，有時痛苦，有時歡樂。大多數人的想法是：「苦樂二者由他報」——苦樂是由外在環境產生所決定的。遇到快樂的事情會想：「是因爲我有財富、受用、權勢、地位等，所以我得到這快樂。」當遇到痛苦、困難的時候，心裡會想：「這一定是某某人扯我後腿，加上時運不濟，才會讓我陷入內外交逼、諸事不順的境地。」在家庭、團體裡，發生不順，就會認定是有人加害；總之，所有遭遇的痛苦都源自他人的作怪、陷害，一切的障礙、困境都是別人的傷害所造成的，苦樂都是由別人、由外在環境所造成的——心裡面充滿各種負面想法。

快樂的根源

「緣本在己手矣定日人」，外緣是操縱在自己的手中。苦樂的根本，其實是掌握在自己的手中，在自己的心。要苦，要樂，都是可以自己決定。

假設自己的內心不快樂，在此情況之下，即使家財萬貫、位高權重、友朋成群，能不能使自己恢復快樂呢？不能。雖說親朋好友、錢財、權勢，是快樂的助緣，但是單獨要靠這些外在條件帶來快樂，恐怕是緣木求魚，因爲快樂的根本在於自己的心呀！外在種種的快樂，還是難以勝過內心眞實的快樂。內心的快樂靠誰成全呢？靠自己，不是靠別人。倘若想要快樂，卻一直往心外抓取，對外在環境抱持強烈的期望，這恐怕很達成。切記：快樂的根本其實操縱在自己手中。

痛苦的根源

痛苦的情況也是與快樂相同。痛苦其實也是自己造成的，心的不快樂，是一切痛苦的根源。所以這輩子遇到生老病死等這些痛苦，或各種的煩惱障礙等，千萬不要去責怪別人，其實禍首是自己。爲什麼說禍首是自己呢？這可從兩方面來說，第一，從輪迴的遠因來說，痛苦源自於我執、無明、貪、瞋、癡等妄念，還有無始以來造作的許多罪業，當無明妄念的因緣成熟了，就形成輪迴裡的生老病死痛苦。所以這些痛苦、阻礙、惡緣之所以出現，是打從久遠劫以來，自己所造的罪業所引生。

第二，從業力的近因來說，某個人害我、罵我、傷害我、阻礙我，我們去分析這成因，正是業力所形成，因爲上輩子我們傷害他、打他、罵他、偷搶，由於往昔所作，如今業力成熟、報應現前，所以我就遇到這樣的違緣。另外一種，可能是今生惹怒對方的行爲後果，例如說對方突然傷害我，可能是這輩子先前自己的一些行爲，引發對方憤怒、生氣而傷害我、罵我。總之，身心痛苦的情況，多是自己造成的。

《修心七要》裡面有談到，切莫怨天尤人、怪罪他人。《修心七要》說：「報應皆歸一」，報應其實都歸在一個重點上，那個重點就是自己——自己的缺點、我執。遇到任何困難切莫責怪別人，違緣出現就怨天尤人，這是不正確的心態。應知「報應皆歸一」，後果要歸咎於自己——都是自己的惡業所致，應該要這樣觀想，這樣好好地檢討思惟，改正自己的缺點。

社會上的許多紛爭、痛苦，仔細推敲產生的原因不外乎是個人的想法、行爲模式、處事態度偏差所致，所以說「報應皆歸一」，從這個角度好好地去思考，切莫遭逢任何困難、障礙就只會一昧怪罪別人。

眾生的恩德

《修心七要》的偈子，後面有一句是「於眾修大恩」——觀修眾生對我的恩惠非常的廣大。眾生對我們的恩德，確實是非常大的。如果沒有眾生，不要說佛法的修行是不可能，連世間的快樂也不會得到。從修行的角度來看，例如慈悲心、菩提心，我們在一開始念皈依發心文的時候，如果沒有眾生做對境，那麼我要對誰來修慈悲心？如何去修菩提心呢？這些若沒有眾生，就不可能達成。

皈依發心之後，去實踐菩薩道的六度萬行——布施、持戒、忍辱、精進、禪定、智慧等六波羅蜜的禪修時，這些還是要依靠眾生。例如布施，如果沒有布施的對象，那要布施給誰呢？以此類推，所以要靠眾生緣故，六度萬行才有辦法成辦，才能廣大的累積福德資量。而且，成就佛果當然也一定要靠眾生，沒有眾生就沒有辦法去行利益眾生的事，試問那要如何能成佛呢？所以從佛法的角度來說，沒有眾生是無法成佛的。

因爲要靠著眾生來成就我，所以眾生對我的恩惠非常的廣大，行者必須明瞭眾生於我有大恩惠，以此去觀修，所以才說「於眾修大恩」。

遑論佛法的實修，即使是世俗的快樂，也還是離不開眾生的助緣。眾生對我們的恩惠是很大的，僅僅是喝一杯茶，都要靠許多的眾生合力完成，假設沒有眾生的助力，即使你富甲天下，可是一杯茶都喝不到的。舉例來說，沒有眾生就不會有人去砍柴來生火；沒有眾生，誰去陶鑄茶具呢？另外，誰去種茶呢？種了茶，還要去採摘茶葉、烘焙茶葉等等，所以假設不靠眾生，最簡單的喝一杯茶都無望，不管你擁有多少財富，一切都只是妄想。

所以生活上的點點滴滴，一切的喜樂，都源自於眾生才能達成。由此可知，眾生對我們的恩惠是非常大的。如果仗恃著自己很富有，所有衣食住行都不假外求就可得到，這觀念是不正確的。

再者，眾生唯有靠父母親大恩，才能獲得人身寶；能長大成人也是有賴父母千辛萬苦、細心呵護的大恩。許多人會想：「這錢是靠我自己工作賺取的，衣服是自己花錢買的，全部都是我自己努力掙來的。」其實不是。假設沒有其他眾生，自己是不可能賺到錢的。試想，沒有人開公司，就沒有工作機會，沒有工作機會那薪水從何而來呢？就算自己有錢，也無法買到衣服、食物？因為缺少了其他製作衣服和栽種食物的人。雖然自己上班賺錢無誤，但是所買的衣服、食物等等，這些全部都要靠眾生來完成呀！因此眾生對我們的恩惠真的是非常的廣大，就像父母親的恩德一樣。

所以應當好好想想，自己生活上所使用的各種器物等，其實都要集合眾生的力量才能完成。心中要經常思惟：假設沒有眾生，自己享受到的幸福快樂是無法得到的，沒有眾生就沒有今天的我；因此，我們經常要如此觀修：「眾生對我的恩惠非常廣大，難以報答。」所以說「於眾修大恩」，我們要好好地思惟。

我們向上師求法獲得口訣，主要是用在調整自己的身口意三門的過失。一切問題的發生「報應皆歸一」，切莫去怪罪他人。許多人不了解，當遇到種種困難障礙的時候，都是先抱怨、怪罪他人，自己的問題癥結視而不見，沒有改正，惡習會繼續存在且擴而廣之，因此痛苦也就持續無解。

如果要扭轉這局面，不想要有這些痛苦，必須要了解「報應皆歸一」——要想想主要的關鍵在己身，自己的缺失、惡習應當力求改正。「報應皆歸一，於眾修大恩」的訣竅應該於生活當中善用，這是修慈悲心的無上口訣，在生活中能做到，就是菩提心初步的實踐，對自己一生的快樂幫助很大；如此，人品日趨端正，心情輕鬆愉快、知足感恩，修行的功夫會大幅邁進。

84 虔信助緣轉變近道故，盼思輪迴過患定日人。

「虔信助緣」，是說修行要有虔誠的信心，因為虔誠的信心是大力的助緣。信心的對象是那些呢？即對業力因果的相信、對解脫存在的信心、對佛果存在的信心、對三寶功德的信心。對以上四者具有信心，此時內心會具有強大的力量與修行助緣。這種力量強大的助緣可以成就什麼呢？可以調整、改變錯謬的行為習慣，三門逐漸增善，讓我們步上成佛的道路，使解脫這事不再是天方夜譚的幻想。能夠步上佛道，使成佛目標趨近，依賴的是什麼呢？就是虔誠的信心。靠虔誠的信心當助緣，就能達到這個效果。後面的「故」是因此之故，意即產生信心是很重要的。

「盼思輪迴過患定日人」，把輪迴的過患、詬病好好想一想，接著對業力因果產生堅定的信心，對三寶救渡的功德生起虔敬的信心，對眾生起慈悲心，對解脫佛果的信心等也會越來越強烈，這些基礎都在輪迴過患的實修，所以平時要把輪迴過患好好地思惟，堅定信心去做實修。

85 若交損友自然染惡行，至盼遠棄罪友定日人。

如果結交損友自然會沾染到惡習，因此這些引人造作罪業的朋友，應當遠離，定日人應該這樣做。

損友的品行不端，如果跟他來往久了，自然就沾染到他的習慣及缺點，像酗酒、吸毒、偷盜等，假如跟竊賊當朋友，慢慢地這個人或許也會學得幾招闖空門的手段。跟酗酒的人結交，慢慢地或許也會變成酒鬼。就學佛的人來說，這些損友要趕快遠離，才不會被沾染到；另外，這些人對出世間法的見解上來說，除了一般的壞習慣之外，不信佛法、存有邪見、毀謗正法等，這種人就會壞了你的佛行威儀。所以才說「至盼遠棄罪友定日人」。

《佛子行三十七頌》裡談到：「伴隨惡友三毒盛，聞思修德漸壞少，慈悲喜捨令退失，遠離惡友佛子行。」這是一樣的內容，如果有人結交了惡友，那麼他的貪、瞋、癡會越來越強烈，他的聞、思、修會慢慢退損，他的慈悲喜捨會慢慢減損，造成這種禍端的朋友就是損友，所以應該趕快遠離這人，這樣做就是佛子行。

86 若交益友自然出功德，至盼依善知識定日人。

如果我跟一個人來往，內心善的功德逐漸地增強，那我就是結交到一個好的朋友，這是益友、善知識。因爲這益友之緣故，增益了我內心的功德，例如聞思修、心地的良善，或是善業。假設一個人原來品行不端，結交到了益友，受到這朋友的影響，慢慢的他會改正自己的缺失，慢慢的見賢思齊，這就是益友的功勞。靠著益友的正面行爲薰陶，自己品行、言語方面也會發生良好的轉變，所以結交益友顯得非常重要。

「若交益友自然出功德，至盼依善知識定日人」，「善知識」當然也可以解釋成上師善知識，但是益友也是善知識；總之，善知識的意思就是，使我能夠產生優點，日益精進，就稱之爲善知識。

例如一個沒有任何氣味的東西，如果把它放在瀰漫香氣的櫃子裡面，久而久之它也會被感染而具有香氣。同樣的，本來沒有任何氣味的東西，把它擺在充滿臭味的櫃子裡面，久而久之，把它取出來，本身也會散發出惡臭。這是外在環境的影響，所謂「近朱者赤，近墨者黑」。

如果結交品行端正的益友、上師、善知識，慢慢地自己的品性就會趨於端正、行爲良好、個性善良，成爲一個優秀的行者、純粹的行者、清淨的行者。反之，如果結交損友，原本的聞、思、修會退轉，修行會退步，慢慢地品行墮落，心性邪惡，最後種種惡劣行徑會層出不窮。

歐美人士的研究發現，就教育來說，小孩幼年時期特別的重要，因爲此時期的小孩子可塑性相當大。爲什麼如此說呢？在研究中發現他們懵懂得就像一張白紙，沒有任何汙染，所以在白紙上面，如果要塗上藍色、黑色、紅色等各種顏色或線條很容易。所以小孩子在還小的時候，除了上輩子投生的習氣之外，這輩子還未開始學習，沒有社會習氣的汙染，在這時候如果學到好的，當然會變好，他的行爲舉止、品德就良善；如果學到壞的，他長大後就容易步上歧途。因此父母親在孩子小的時候，要用心特別去教導，花時間在小孩的教養上，倘有錯誤舉止出現時，也要適時予以糾正。

除了家庭教育重要之外，剛剛提到結交朋友也是重要因素。小孩子懂事後，朋友會比父母重要，受到朋友的影響很大，這時的他們還是一張白紙，教他什麼、他就學習什麼，是非的判斷力薄弱，所以很容易受到影響。因此朋友的結交，這時期可能會成為人品的分水嶺，身為父母的要特別小心謹慎。

在教導小孩子的時候，不是用填鴨式的講大道理給他聽，這樣影響不大，甚至可能會引起反效果。如果能夠用「身教」，在生活上潛移默化的影響，加上行為上面的教導，樹立典範，成為他學習的目標，這樣影響會事半功倍。以前西藏小孩，可以說百分之百，甫一出生就接觸佛法，灌輸善行。因為小孩子出生的家庭裡，父母親都是佛教徒，時常在行善業，每天都在修法，所以從小耳濡目染很容易就養成大人的習慣。當孩子小的時候，以大人為榜樣養成、學習好習慣；長大懂事後，就要注意他的交友狀況。

《佛子行三十七頌》裡面說：「依善知識罪漸消，功德增如上弦月，珍視智慧聖導師，重於自身佛子行。」如果結交善友、良師、益友，自己的過失慢慢可以改正，因此罪業就會逐漸地減少，聞、思、修功德也會漸漸增加，好像上弦月一樣，因此要重視上師、善知識、良師益友，要非常的珍視他們的教導，比自己還要重要。能這樣去重視良師益友，那就是菩薩行。

87 狡詐謊話亦誑自與他，至盼以心爲證定日人。

內心狡詐多詭計，講話欺妄不實，這麼做除了欺騙了自己以外，也欺騙了別人，我們切莫這樣做。無論做什麼事情都要抱持眞誠的心念，做任何事情心都要正直純良，講話要誠實不虛，以這種心態來待人處事。如果心術不正，充滿狡詐欺騙，在一開始或許會嚐到甜頭，獲得一丁點的利益；不過時間久了，終究會露出眞面目。慢慢地朋友就不再信任，自己的信用破產。我們應該以正直不欺的心自我明鑑，去從事每件事情，所以說「以心爲證」。

以佛教來說，一個人有純淨的心、清淨的動機，是非常重要的。這是人的基本價值觀，世俗的事情要達成，上述善良、清淨的動機也是非常重要的。例如，一個人處事具有純淨的動機，日久見人心，慢慢地別人就會了解到他的內在人品。這種人不管到什麼地方都能獲得大家的信任與尊敬。這樣的人從事世俗的事也好、進行修行的事業也好，都很容易成功。所以一生當中，爲人當要培養純淨的心，行利益他人之事，這是做人的基本道德。在一生當中個人的正確價值觀對自己的幫助很大，尤其是修行人更要特別重視。

「至盼以心爲證定日人」，以自心爲證，這是指切莫自欺欺人之意。以自己的心來檢驗：不欺騙他人，心不狡詐，不打妄語。自己的內心如何，自己最清楚，這就是所謂的捫心自問——以心來當證明。如果狡詐、說謊，處處想佔人便宜，其實吃虧的是自己。《修心七要》裡面講：「二證己爲主」——自己作證明跟別人作證明兩取捨時，應該要以自己爲主。以自己作證爲主要，因爲自己是最了解自己的。

所以自己的心要具有純淨的動機，切莫欺騙他人，行事不狡詐，自己檢驗自己。平常這樣觀修：「獨處的時候，莫讓天神不齒；眾人來往的時候，莫讓朋友蒙羞；平時切莫做讓自己感到羞恥、後悔的事。」這個偈語主要講述的就是純淨的心、正直的品德很重要。

88 無明迷惑損耗鬼之本，盼以念知緊擒定日人。

心的無明、迷惑、錯亂，會讓自己這輩子吃虧、下輩子也吃虧。損耗、毀壞的根本，是自己心的無明——貪、瞋、癡這些迷惑錯亂的心念。因此，應該以意念跟正知，緊緊抓住自己的身、語、意三門，去觀察分析，控制自己的身、語、意三門，讓身、語、意切莫造作罪業，應該這樣去努力。

89 若摧五毒三毒路途近，盼依有力對治定日入。

五毒前面已有解釋過，爲什麼把它稱之爲「毒」呢？五毒就是貪念、瞋恨、愚痴、傲慢、嫉妒，這些又稱五毒煩惱。不過五毒從佛法根本上來說，其實就是貪、瞋、痴三毒，也就是五毒的前三個——貪念、瞋恨、愚痴；愚痴就是無明，由三毒形成了各種煩惱。假設把五毒、三毒消滅掉，成佛的道路就近在眼前了。「盼依有力對治」，想把五毒、三毒煩惱消滅，必須依靠對治的法門。「對治」是克制的方法，對付煩惱的方法。依靠強而有力的對治方法可以消滅五毒所造成的煩惱，使得成佛不再是件遙不可及的事，所以說「路途近」。

三毒、五毒的根本與對治

三毒、五毒煩惱的根本是「無明」。「無明」的對治方法是什麼呢？如果我們去分析，「無明」就是不明白，不了解，所以對治它就是要使明白、使了解；透過對佛法內容的了解就能把愚痴消滅。佛法裡最主要的義理是「緣起」法，能夠了解「緣起」的內容與過程，就是「勝慧」——就是了悟緣起的勝義智慧。

勝慧分三種：聞所生慧、思所生慧、修所生慧，也就是聞、思、修三慧。爲了了解緣起法、破除無明，需要透過三慧的力量去對治；而對治無明的當下，也能生起甚深的聞、思、修三慧。我們對某件事情不清楚，這情況就是無明，當了解之後，無明就消除了。從佛法上來說，無明的究竟、根本是「我執」——無明我執。消滅我執的勝義智慧，就是無我勝慧。觀修無我的勝慧，是最有力量的智慧，因爲可以把無明的根本——「我執」消滅掉。

五毒的對治

貪念：貪念心對治的方法就是少欲知足。人如果少欲知足了，貪欲自然會慢慢降低。其次，透過不淨觀的禪修，也可以祛除貪念。總之，貪念的主要對治力是少欲知足。

瞋恨：瞋恨的對治法門是修慈悲心。如果有慈悲心，比較不容易發脾氣。另外，修安忍也是很好的對治力。如果安忍修得好，也較不容易發脾氣。所以慈悲與安忍是瞋恨的對治力。

愚痴：愚痴是無明，對治力是勝慧，如前所述。

傲慢：傲慢心的對治力是恭敬心。在佛教修行裡有大禮拜，對三寶作頂禮時容易產生恭敬心。另外，透過頂禮可以累積資糧、淨除罪障、降伏我慢。如果在世俗之中對別人恭敬，傲慢心就不容易生起，人會較謙卑。恭敬心是傲慢的對治力，而恭敬心可透過向三寶頂禮這樣的修法產生。

嫉妒：嫉妒的對治是隨喜。隨喜是以歡喜心來贊助。贊助什麼呢？譬如他人所行的善功德、他人的優點、他人的財富、面貌姣好、權勢地位高，或他人的慈悲善良、行善佈施等。我因爲知道了，而內心生起歡喜心，在心內肯定與他有關的一切善事，這種想法稱之爲「隨喜」。如果內心常對眾生產生隨喜心，嫉妒就不易產生。

90 精進力勢弱則難成佛，至盼披甲前來定日人。

在行善業利益眾生及修行的時候，要發奮精進努力。如果精進的力道薄弱了，那麼成佛路上恐怕難以有所成就。

精進有三種：（一）披甲精進；（二）攝善法精進；（三）饒益有情精進。「至盼披甲前來定日人」，裡面「披甲」是前面第一個的精進，披甲精進是立下一個誓言，堅守自己的誓言去行善業、做實修、利益眾生，發了誓言後不畏艱難，好像披了盔甲一樣勇往直前，這叫披甲精進。如果以這樣的勇猛心去行善、修行、利眾，就不易懈怠、懶惰，心也不易渙散，這就是披甲精進，所以說「至盼披甲前來定日人」。

對於「精進」的定義，這裡要特別作說明。《入菩薩行論》裡面有談到「精進」的定義：於善生喜。例如有些人行持善業、作大禮拜，花了很大的氣力，但卻是心不甘、情不願，勉強自己，心裡面老覺得做這些好無趣，爲了某個原因又不得不做。這樣的人，從外表上看起來好像非常地努力精進，念誦偈文的音量也很大，身、語二門非常賣力，但是這並不符合精進的要件。因爲精進的定義裡是於善生喜，雖然力行善行，卻沒有生起好樂之心、喜悅之心，這樣是不及格的。在行善業的時候，心裡要充滿法喜；如果行持時沒有喜悅之心，沒有熱切追求與希求之心，這不能稱作「精進」。

91 久伴習氣故後常追逐，莫逐過去之後定日人。

習氣如果經常隨身陪伴，久了之後，力量就會變得很強烈、很堅固。這習氣會經常跟著自己，因為已經成為習慣了，成為習慣後，更難甩掉、根除，會如影隨形相伴，所以說「故後常追逐」。

「莫逐過去之後定日人」，是說過去我們已經養成的一些壞習慣、習性，切莫繼續讓這些惡習蔓延，應該當機立斷把這些壞習慣去除掉。惡習、缺點不外乎身、語二門的行為，以及內心的想法，去一一檢視三門不好的部分，警惕並矢志根除這些習氣。否則，這些習慣的力量會如滾雪球般逐漸增強。「莫逐過去之後」，切莫再跟隨於惡習之後，務必要把它斷除，正如《佛子行三十七頌》云：「煩惱串習難對治，覺智之士正念持，貪瞋癡心初萌起，即時摧滅佛子行。」

92 若心了悟淺小則祈請，自然出證悟矣定日人。

對於心的實相、心性本貌，由於聽聞了解的部分稀少，自我實修覺受也少、證悟也少，如果在這種情況之下，就要趕快祈請上師、三寶，誠懇觀想來祈請。以強烈恭敬心、信心誠懇地祈請，上師、三寶的大悲加持，就容易進入自己心續中。當心得到加持，自然就會產生殊勝覺受、得到證悟。

誠懇祈請上師、三寶非常重要，特別是在證悟心的實相方面，有句話說：「勝義俱生之本智，集資淨障之成效，具證上師之加持。」意思是如果要證悟心的實相、本然俱生的本智、勝義俱生的本智，自然要靠自己積累資糧、淨除罪障，那麼就會得到證悟的效果。要達到「集資淨障之成效」，同時還要以強烈的恭敬心、信心對上師、三寶作祈請。依此方法努力實修，慢慢地即可證悟心的實相。假設以上方法不做，集資淨障、祈請上師三寶通通缺乏，或想要用其他的辦法取代，那是緣木求魚的愚笨方法。

93 若欲後世幸福應耐苦，面前即有佛矣定日人。

如果希望下輩子能幸福快樂，那麼這輩子應當要能夠吃苦耐勞。在佛法上好好地努力，難行、苦行的也不畏懼。行善業方面，於內心觀想修慈悲心、菩提心及空性等，還有布施、持戒、忍辱、精進、禪定、般若或念誦佛號、持誦咒語、作頂禮、繞塔等等。十種善業盡量去做，十種不善業應當斷除，這些都要努力去實修，再怎麼辛苦、勞累都要去做。這樣對來世極有益處，所以說「若欲後世幸福應耐苦」。如果依照剛剛所講的方面去實踐，那麼「面前即有佛矣定日人」，這樣的人容易成佛，離佛也不遠了。若能廣大行各種善業、累積資糧、淨除罪障，好好聞、思、修，那麼成就佛果就指日可待了。

對現在學佛的人來說，佛好像在遙遠的天邊，「面前即有佛矣」恐怕很難做到。有人這麼說：「念佛一天，佛在心裡；念佛兩天，佛在佛堂；念佛三天，佛在西天。」剛開始念佛的第一天，拚命的念，佛好像就在我的心裡；第二天念佛的時候，佛好像跑到大殿上了；第三天念佛的時候，佛好像遠在西方極樂世界了。現代的修行者，爲什麼「面前即有佛矣」會這麼困難呢？因爲前面提到的的「耐苦實修」做不到呀！無法「耐苦實修」的情況，在西藏有句耐人尋味的俗諺：「肚飽身暖是行者，若遇惡緣成凡夫」。肚子吃得飽飽的，太陽曬得暖暖的，想一想：「佛法蠻不錯的。」於是閒來無事念念咒語、拜拜佛像，看起來好像是一個佛法的行者。可是明、後天遇到一個勞苦逆緣，例如：欠債或公司倒閉、生重病，就會覺得學佛沒有用處，便放棄信心與修行，變成一個沒有學佛的凡夫。這就表示平常的修行功夫並沒有修到骨子裡，平時的聞思修都只是停留在皮毛上而已。修行如果只是肚子吃飽飽的時候，太陽曬暖暖的時候，無聊沒事才來做一下，只是附帶修學一下，做一下頂禮，念一下咒語，這樣是無法見效的。如果是這種情況，不要說佛法的威力無法展現出來，要成就佛果更是困難。所以對於很多人來說「面前即有佛矣」，恐怕是很困難的一件事。

各位爲什今天要犧牲時間，特別坐在這邊來學習佛法，因爲「佛法爲解脫因」——佛法是解脫的因。爲什麼靠著佛法可以解脫、可以成就佛果？因爲佛法的力量強大、殊勝，是可以得到解脫、成就佛果的不二法門。佛法是成佛的方法、解脫的方法，佛法具有一種威力，這威力能夠把貪、瞋、癡煩惱斷除，能夠把無明斬斷，能夠把輪迴中的生老病死、輪迴持續之流斬斷，進而得到解脫。

但是，現在的佛教徒在學習佛法時，顯然把佛法當作一件世俗的事情，視爲世間法，爲什麼這麼說呢？因爲很多人心中常這麼想：「我要去學習佛法，因爲佛法可以讓我變得運氣更好，讓我更長壽，讓我遠離疾病，讓我生意亨通，驅除事業上的障礙。」爲了要達到以上這些目標，因此去學習佛法。如此，佛法是不是就變成世間法了？當然是的，因爲只是滿足我得到世間目標的工具，那麼解脫道也就會被忽視了。那些人不是要用佛法去斬斷輪迴持續之流，得到解脫、得到佛果，沒有抱著這種出世間的目標。在心裡追求的，僅僅只是長壽、無病、富貴、如意、享樂等而已，僅僅只是爲了達到世間法的成就才去學佛，這樣佛法的價值就會日趨低俗了！

如果能如理如法，按照上師的開示，好好地實修慈悲心、菩提心：爲了利益眾生之故，才要成就佛果的緣起去修行；爲了解脫之故，生起出離心，勤修戒、定、慧三學。倘能遵循這些原則，堅定目標去修行，世俗的欲望就算不刻意祈求，也能心想事成。長壽、無病、財源滾滾、障礙驅除等等，這些眾人汲汲營營的俗事自然就會具足。

反過來說，學佛的人如果把目標放在世俗物慾上，究竟的目標反而無法達成。學佛時整天只想要生意興隆、人緣增上、健康長壽等，那麼解脫跟成佛的出世間目標就很難成就了。所以，如果只是把佛法當作是世間法，而不是當成出世間法，用這種心態去學佛，「面前即無佛矣」，恐怕佛僅是存在遙不可及的西天而已，與修行人毫無瓜葛了。

94 相聚之晨即出別離兆，分合耗內心矣定日人。

俗語說，分久必合、合久必分，我們要好好思惟「無常」現象。實際上，當大家在聚會的時候，就顯現出離別的徵兆了；因爲有相聚就會有分離，如果沒有相聚，當然也就不會有分離，所以當聚會的那剎那，分離的徵兆就已經具足。世間萬法分分合合，有聚合就會有離散，這些道理要認清。世間法的眞面目就是無常，沒有任何一樣是堅固恆存的。

95 多數友伴已去後世處，親友路糧有否定日人。

在這一世所認識的諸多朋友、父母、親戚、兄弟、同窗或隔壁鄰居等，在認識的這些人當中，有很多人都已經魂歸九泉，走到下輩子去了。自己不久之後，恐怕也將跟這些人為伍。當輪迴到下輩子的時候，能不能像這輩子一樣，還有很多親朋好友，還有這麼多幸福快樂嗎？「路糧」是前往來世要準備的糧食，也許不久就要到下輩子去了，現在就要為下輩子做好準備，但這些路途上必要的糧食都準備好了嗎？

「路糧」是比喻能夠讓我溫飽，對我有幫助的事物，「親友」是指下輩子眞心的親朋好友，這兩者其實主要是在比喻「正法」。「親友路糧有否」，如親友、路糧的正法在往生前都已經做好了準備了嗎？生前的正法倘若未實修，下輩子的路途上恐怕一片漆黑、充滿荊棘！

96 一切痛苦從由罪業出，至盼亦去小惡定日人。

外在身體上的痛苦、疾病，內在心裡的煩惱、焦慮等，這些痛苦其實都是由罪業產生。痛苦的根源，是從心造作而來。如果不想遇到痛苦，應當把痛苦的因斷除。

談到造作罪業，大多數人的想法是：「大的罪業我不要違犯就好了。」一般人想到的惡業，指的都是大的罪業，例如殺人、放火、偷盜等，當沒有犯下這樣重大的罪行就會自我安慰說：「我沒有造作罪業。」其實這樣的心態是不對的，連最細微的罪業也不應該去做。每個人平時在身、語、意三門上，常無意間就犯下許多細微錯誤，一般人既不重視也不了解，甚至不在意，只注意、警惕大的罪業不犯。然而小的罪業也應重視要去除掉，因爲在日常生活中犯下的一些細小的錯誤，累積起來後也是相當驚人的。

佛陀在《賢愚經》裡開示：「雖諸微小罪，莫想無礙輕，火星雖微小，能焚如三草。」雖然只是微小的罪業，但是也不要認爲沒有關係，無關緊要地輕視它。但是火花雖小，星星之火卻可以燎原。一丁點不起眼的小小火花，也許會把滿山滿谷的森林、草原燒光了，房子也燒掉了，禍首追根究底起來，就是那麼不起眼的小小的火花而已。一樣的道理，細小的罪業也是一樣，積沙成塔後也可能造成很大的痛苦，所以各位，即使是微小的罪業，也千萬不要去做，倘若不小心犯了，也要多行懺悔。總之，「一切痛苦由罪業出，至盼亦去小惡定日人。」

97 一切安樂從由善業出，至盼亦行小善定日人。

以善業來說，一樣有很多大小善業，布施、持戒、忍辱等是大的善業；其次在身、語、意三門上也有一些較小的善業。這些小善業在累積福德資糧上面也是深有用處的，例如日行一善。每天常行一個小善，一百天就有一百個小善，這一百個小善累積起來，就變成是一個大的善業，會產生大的福報。小小的善舉也切莫輕視，所以說「至盼亦行小善定日人」。

一樣的道理，在《賢愚經》裡面談到：「諸善雖微小，莫想無益輕，小滴若積聚，漸至滿大器。」某些善業有時是小的善業，但是心裡切莫認為小小的善業沒有什麼幫助，因此就漠視。切莫存有如此心態，不論大小的善業都切莫輕忽，切莫有分別心，小的善業也要努力去做。就像前面談到的，每天日行一善，就算小小的善業，一百天就累積了一百個善業，終究累積成大的善業。譬如小水滴，雖然小不起眼，可是如果沒有捨棄它，涓滴能成巨流，小水滴終會溢滿出大的水桶，終於「漸至滿大器」。小的善業也切莫輕視，當要努力去行持，「至盼亦行小善定日人」。一切的安樂幸福是由不斷累積的大小善行而來。

98 由善惡因出苦樂之果，至盼去惡行善定日人。

業力因果是善有善報、惡有惡報。如果造作善業，將來會產生快樂的果報；造作惡業，將來會產生痛苦的果報，業力因果是這樣子。了知業力因果是眞實不虛，每位眾生都希望離苦得樂，既然希望離苦得樂，善業的部分當要努力去做，惡業的部分要努力避免，所以說「至盼去惡行善定日人」。

業力因果也是佛法的核心思想。我們談到實修、學佛，其實都離不開業力因果。假設未實踐基礎的止惡行善，那麼其他更高深的佛法修學也不會有力量。例如每日努力祈請三寶、本尊，每日課誦、打坐等，止惡行善的業力因果不善加守護，那麼前面這些修持也不會有效果的，因爲沒有守護業力因果的緣故。

業力因果是不欺誑的，而且業力因果是屬於法性，法性自然如此，是自然的規律、自然的法則，並非佛陀制定出來的，也不是上帝創造的。所以「善有善報，惡有惡報」

規律不是佛用神通變化出的善惡法則；也不是死後，在冥卒、閻君威迫下就範——你造善業，我就施給你安樂，你造罪業我就施加你痛苦，不是這樣子的。這就像火熾熱、水流動、風飄揚一樣；火的性質原本就是熱的，水性趨下流動，風自然吹拂。爲什麼火是熱的？水會向下流？風會飄動呢？因爲大自然現象本就如此。於是乎業力法則呈現「善有善報，惡有惡報」，是因爲是自然形成的，法本如此。

假設一個修行人業力因果不能加守護，不能行善去惡，一昧祈請上師、三寶，或念經、打坐，他的修行證量恐怕也不會有什麼樣的進步與斬獲。反之，假設一個人積極努力行善去惡，縱然他並沒有祈請上師、三寶加持，也許他也沒有念佛、打坐，他的心靈能量自然就會不斷提升，這是因爲他享用到了守護業力因果的益處之緣故。

99 遊方士者未留定日離，現在斬斷增益定日人。

「遊方士」是四處遊走的人，指的是尊者——帕當巴桑傑，他說：「自己是四處遊走的人，不會固定久留在定日這地方，不久就會離開。在佛法方面若有所疑惑，現在請趕快提出來。」「現在斬斷增益」，對佛法的疑惑解決了、理解清楚之後也要趕快實修，把不善的諸惡習斬斷，在修行上就能增益、進步。

100

我則無渙散而已禪修，至盼汝亦隨後定日人。

帕當巴桑傑說：「我僅是在專注、沒有渙散的情況之下，嚴守身、語、意三門努力行持善業、實修，別無他法；也盼望各位的定日弟子們，跟隨我的腳步，好好地聞、思、修，並且在身、語、意三門行善去惡、專注觀修呀！」

如前尊德當巴此親誡，爲利全體自他筆載故，至盼聞者調心學問眾。前述係唯父尊德當巴桑傑所授，作爲定日諸士之訓誨遺言，稱爲《定日百法》已圓滿。

這是當時帕當巴桑傑給弟子最後遺言、教誨的語錄。「如前尊德當巴此親誡」，如同前面所述的內容，是至爲尊貴的成就大德——帕當巴桑傑親自所教導，爲了利益所有的自他眾生緣故，所以記載下來。「至盼聞者」，希望聽聞到這個教法的人，能夠用心學習；用所教導的法調整自己的心續，並善加修持。「學問眾」是誇讚對方的一種敬語，是指聽法者博學多聞，聽到這個法，能夠善用所傳的教法調伏自己的心性。

「前述係唯父尊德當巴桑傑所授」，前面談到這些內容，是唯一的如父、尊貴大德——帕當巴桑傑所做的教導，「作爲定日諸士之訓誨遺言」，這教導是贈送給定日弟子作爲最後的遺言教誨，名稱叫作《定日百法》，至此圓滿教授完畢。

《定日百法》是帕當巴桑傑對他的弟子們說法，在涅槃之前所遺留的最後教導。我在此衷心期望大家在聽聞之後也能依循去認眞聞、思、修，將尊者的教法謹記在心，經常複習與思惟，將所領悟了解的，運用在每天的日常生活裡；這樣的話，各位的修行就會日有進步。

修行要腳踏實地，不可能一步登天，靠一個殊勝大法或上師加持就瞬間成佛。但是，修行只要把握住正知、正見與努力聞、思、修的訣竅，肯定會逐漸進步的；這樣一來，才會不虛此行，生活也會充滿意義與價值。

學佛的究竟利益，就是未來能夠解脫、成就佛果，或是投生西方極樂世界。這也是我對大家的殷殷期盼。

帕當巴桑傑親誡定日百法
藏文原文

༄༅། །ཕ་དམ་པ་སངས་རྒྱས་ཀྱི་ཞལ་གདམས་དིང་རི་བརྒྱ་རྩ་མ།

།ཨོཾ་སྭ་སྟི།

།དམ་པ་འཆར་ཆེན་གྱིས་དམ་པའི་སྤྱན་སྔར་ཕྱིན་ནས་དམ་པ་ཉིད་སྐུ་བགྲེས་འདུག་པ། དམ་པ་དེ་ཉིད་ལྟ་བདེ་བ་ནས་བདེ་བར་གཤེགས་པ་ལགས་ཏེ། དིང་རི་བ་རྣམས་སུ་ལ་བློ་གཏོད། །ཅི་ཙུག་བྱེད་བྱས་ནས་བཤུམས་པས།ཡང་དམ་པས་དིང་རི་བ་རྣམས་ལ་ཞལ་ཆེམས་སུ་གསུངས་པ།

།ལུས་ངག་ཡིད་སུ་དམ་པའི་ཆོས་ལ་འབུངས། །ལས་ཀྱི་རབ་ཏུ་འགྱུར་རོ་དིང་རི་བ།

།བློ་སྙིང་བྲང་གསུམ་དཀོན་མཆོག་གསུམ་ལ་གཏོད།།བྱིན་རླབས་ཤུགས་ཀྱི་འབྱུང་ངོ་དིང་རི་བ།

།ཚེ་འདི་ཐོང་ལ་ཕྱི་མའི་དོན་གཉེར་བསྐྱེད། །མདུན་མའི་རྩེ་མོར་འགྱུར་རོ་དིང་རི་བ།

།བཟའ་ཚང་མི་རྟག་ཚོང་འདུས་མགྲོན་པོ་འདྲ། །ངན་ཤགས་འཐབ་མོ་མ་བྱེད་དིང་རི་བ།

།ནོར་རྫས་སྒྱུ་མ་ལྟ་བུའི་བསྒྲུ་བྲིད་ལ། །སེར་སྣའི་མདུད་པས་མ་ཆིངས་དིང་རི་བ།

།ཕུང་པོ་མི་གཙང་རྫས་ཀྱི་རྐྱལ་བ་ལ། །བཟང་འདོད་བྱེ་དོར་མ་བྱེད་དིང་རི་བ།

།གཉེན་ཚན་སྒྱུ་མ་ལྟ་བུའི་བདེན་མེད་ལ། །གདུང་སེམས་འཁྲི་བ་ཆོད་ཅིག་དིང་རི་བ།

།ཡུལ་གཞིས་འཕྲོག་པའི་སྦྲ་ས་ལྟ་བུ་ལ། །ཞེན་ཅིང་ཆགས་པ་མ་བྱེད་དིང་རི་བ།

།ཕ་མ་རིགས་དྲུག་སེམས་ཅན་སྤྱི་མཐུན་ལ། །ང་དང་བདག་ཏུ་མ་འཛིན་དིང་རི་བ།

།སྐྱེས་པའི་ནང་པར་འཆི་བའི་བརྡ་ཞིག་བྱུང་། །ཡོང་མེད་རྒྱུད་ལ་ཕོལ་ཞིག་དིང་རི་བ།

།ཡིངས་བ་མེད་པ་དམ་པའི་ཆོས་ལ་འབུང་། །ཤི་ནས་ལམ་སྣ་འདྲེན་ནོ་དིང་རི་བ།

།ལས་ཀྱི་རྣམ་སྨིན་རྒྱུ་འབྲས་བདེན་ངེས་པ། །མི་དགེ་སྡིག་ལ་འཛེམ་ཞིག་དིང་རི་བ།

།བྱས་པའི་ཆོས་རྣམས་རྨི་ལམ་ཡུལ་བཞིན་འདྲ། །བྱར་མེད་ཉམས་སུ་ལོངས་ཤིག་དིང་རི་བ།

།གང་ལ་ཞེན་པ་ཡོད་པ་དེ་བློས་ཐོངས། །ཅིས་ཀྱང་དགོས་པ་མེད་དོ་དིང་རི་བ།

།འཇིག་རྟེན་འདི་ན་གཏན་དུ་མི་སྡོད་པས། །འགྲོ་ཆས་ད་ལྟ་གྱིས་ཤིག་དིང་རི་བ།

།ནགས་ཀྱི་གསེབ་ན་སྤྲེའུ་སྐྱིད་སྣམ་སྟེ། །ནགས་མཐའ་མེ་ཡིས་བསྐོར་རོ་དིང་རི་བ།

།སྐྱེ་རྒ་ན་འཆིའི་ཆུ་ལ་རབ་ཟམ་མེད། །གྲུ་གཟིངས་ཚོགས་སུ་ཚུད་དམ་དིང་རི་བ།

།སྐྱེ་འཆི་བར་དོའི་སྐྱུག་འཕྲང་དམ་པོ་ལ། །དུག་ལྔའི་ཇག་པ་བཤར་རྒྱུག་ཡང་ཡང་བྱེད།

།སྐྱེལ་མར་བླ་མ་ཚོལ་ཅིག་དིང་རི་བ།

།སྐྱབས་གནས་བསླུ་བ་མེད་པ་བླ་མ་ཡིན། །འབྲལ་མེད་གཙུག་ཏུ་ཁུར་ཅིག་དིང་རི་བ།

།བླ་མས་བསྐྱལ་ན་གང་འདོད་གནས་སུ་སླེབས། །གང་ལ་མོས་གུས་གྱིས་ཤིག་དིང་རི་བ།

།གང་ལ་ནོར་ཡོད་དེ་ལ་སེར་སྣ་འབྱུང་། །སྦྱིན་པ་ཕྱོགས་མེད་ཐོངས་ཤིག་དིང་རི་བ།

།གང་ལ་དབང་ཡོད་དེ་ལ་སྡིག་པ་ཡོད། །ཁ་དྲག་དབང་འདོད་སྤོངས་ཤིག་དིང་རི་བ།

།ཁ་དྲག་ནོར་མང་ཅན་ལ་བདེ་བ་མེད། །སོར་བཅུ་བྲང་ལ་ཟུམ་ཤིག་དིང་རི་བ།

།ཕྱི་མའི་ཡུལ་ན་གཉེན་བཤེས་ཉུང་བ་ཡིན། །བློ་གཏད་ཆོས་ལ་གྱིས་ཤིག་དིང་རི་བ།

།ཡེངས་མ་ལམ་ལ་མདུན་མ་འཆལ་མར་འཆོར། །གྲོས་ཐག་ད་ལྟ་ཆོད་ཅིག་དིང་རི་བ།

།འཆི་བདག་བདུད་ནི་ནམ་ཡོང་ཆོད་མེད་པས། །དོགས་ཟོན་འཕྲལ་ལ་གྱིས་ཤིག་དིང་རི་བ།

།ཤི་བའི་ནང་པར་སུས་ཀྱང་མི་ཕན་པས། །རང་མགོ་རང་གིས་ཐོན་ཞིག་དིང་རི་བ།

།འཆི་བར་བསམ་ན་ཅིས་ཀྱང་དགོས་པ་མེད། །ཡིད་ལ་དྲན་པར་གྱིས་ཤིག་དིང་རི་བ།

།ཉི་མ་ནུབ་ཁའི་གྲིབ་སོ་ཇི་བཞིན་དུ། །འཆི་བདག་གཤིན་རྗེ་མི་སྡོད་ཚུར་ཚུར་འོང་།

།འབྲོས་ཐབས་ལ་ཉུར་གྱིས་ཤིག་དིང་རི་བ།

།མེ་ཏོག་སྔ་སོ་ལེགས་ཀྱང་ཕྱི་སོ་སྐམ། །ལུས་ལ་བློ་གཏད་མེད་དོ་དིང་རི་བ།

།གསོན་པའི་དུས་ན་ལྷ་ཡི་ལུས་དང་འདྲ། །ཤི་བའི་དུས་ན་བདུད་ཀྱི་དམག་པས་འཇིགས།

།ཚོང་དུས་མགྲོན་པོ་ཚོང་ཟིན་ནང་པར་གྱིས། །སྒྱུ་མའི་ལུས་འདིས་བསླུ་འོ་དིང་རི་བ།
།སྒྱུ་མའི་རྫ་ཡོར་ཅིས་ཀྱང་འཇིག་ངེས་པས། །གྲོགས་ཀྱིས་བོར་བར་ངེས་སོ་དིང་རི་བ།
།སེམས་ཀྱི་བྱ་རྒོད་ཅིས་ཀྱང་འཕུར་ངེས་པས། །རྟེན་འབྲེལ་ད་ལྟ་སྒྲིགས་ཤིག་དིང་རི་བ།
།རིགས་དྲུག་སེམས་ཅན་དྲིན་ཅན་ཕ་མ་ལ། །ནམ་འཕང་ད་ལྟ་ཆོད་ཅིག་དིང་རི་བ།
།སྣང་དགྲ་ལས་ཀྱི་འཁོར་བའི་འཁྲུལ་སྣང་ལ། །བྱམས་དང་སྙིང་རྗེ་སྒོམས་ཤིག་དིང་རི་བ།
།ཕྱག་འཚལ་བསྐོར་བས་ལུས་ཀྱི་སྒྲིབ་པ་འདག །ཞེ་སྡང་གདུག་སེམས་སྤོངས་ཤིག་དིང་རི་བ།
།བཟླས་བརྗོད་སྐྱབས་འགྲོས་ངག་གི་སྒྲིབ་པ་འདག །འཇིག་རྟེན་བྱ་བྱེད་སྤོངས་ཤིག་དིང་རི་བ།
།མོས་གུས་གདུང་བས་ཡིད་ཀྱི་སྒྲིབ་པ་འདག །ཐ་མལ་ལོང་གཏམ་མ་བཤད་དིང་རི་བ།
།ལྷན་ཅིག་སྐྱེས་པའི་ཤ་རུས་འབྲལ་བར་ངེས། །བླ་མ་སྤྱི་བོར་འཁུར་ཤིག་དིང་རི་བ།
།ཡུལ་གྱི་དམ་པར་གཞུག་མའི་གདན་ཡུལ་བཟུངས། །ཚེ་ལ་རྟག་པར་མ་འཛིན་དིང་རི་བ།
།ནོར་གྱི་དམ་པར་སེམས་ཉིད་གཏེར་ཆེན་ཚོངས། །དེ་ལ་འཕོ་འགྱུག་མེད་དོ་དིང་རི་བ།
།ཟས་ཀྱི་དམ་པར་ཏིང་འཛིན་རོ་མཆོག་སྤྱོད། །དེ་ལ་འཛད་པ་མེད་དོ་དིང་རི་བ།
།སྨན་གྱི་དམ་པར་དྲན་པའི་བདུད་རྩི་འཐུངས། །བཀྲེས་པའི་སྡུག་བསྔལ་མེད་དོ་དིང་རི་བ།
།གྲོགས་ཀྱི་དམ་པར་རང་བྱུང་ཡེ་ཤེས་འཚོལ། །དེ་ལ་རྒྱུན་ཆད་མེད་དོ་དིང་རི་བ།
།བུས་ཀྱི་དམ་པར་རིག་པའི་ཁྱེའུ་ཆུང་འཚོལ། །དེ་ལ་འདུ་འབྲལ་མེད་དོ་དིང་རི་བ།
།སྟོང་པའི་ངང་དུ་རིག་པའི་མདུང་སྐོར་གྱིས། །དེ་ལ་སྐྱེ་འཆི་མེད་དོ་དིང་རི་བ།
།དྲན་མེད་སྟེང་དུ་ཡེངས་མེད་བྱ་ར་ཐོངས། །ལྟ་བར་ཐོགས་རྡུགས་མེད་དོ་དིང་རི་བ།
།ཤུགས་འབྱུང་ངང་དུ་འགག་མེད་རྩལ་སྦྱོང་གྱིས། །སྒོམ་ལ་བྱིང་རྒོད་མེད་དོ་དིང་རི་བ།
།སྐུ་བཞི་དབྱེར་མེད་རང་རིག་སེམས་ལ་རྫོགས། །སྤྱོད་པར་སྤང་བླང་མེད་དོ་དིང་རི་བ།
།འཁོར་འདས་རྩ་བ་རིག་པའི་སེམས་ལ་འདུས། །འབྲས་བུར་རེ་དོགས་མེད་དོ་དིང་རི་བ།

།སེམས་ལ་དངོས་པོ་མེད་དོ་དིང་རི་བ། །ཆགས་ཞེན་སྣང་བ་བྱ་ལམ་རྗེས་མེད་འདྲ།
།ཉམས་ལ་ཞེན་པ་མེད་དོ་དིང་རི་བ། །ཆོས་སྐུ་སྐྱེ་མེད་ཉི་མའི་སྙིང་པོ་འདྲ།
།འོད་ལ་གསལ་འགྲིབ་མེད་དོ་དིང་རི་བ། །རྣམ་རྟོག་དགྲར་ལང་ཁང་སྟོང་རྐུན་མ་འདྲ།
།ནོར་ལ་ཤོར་ཐོབ་མེད་དོ་དིང་རི་བ། །ཚོར་བ་རྗེས་མེད་ཆུ་ཡི་རི་མོ་འདྲ།
།འཁྲུལ་སྣང་རྗེས་འཛིན་མེད་དོ་དིང་རི་བ། །བག་ཆགས་དྲན་འཛིན་ནམ་མཁའི་འཇའ་རིས་འདྲ།
།ཞེན་ཆགས་ངོས་བཟུང་མེད་དོ་དིང་རི་བ། །འགྱུ་བ་རང་སངས་བར་སྣང་སྤྲིན་དང་འདྲ།
།སེམས་ལ་གཟའ་གཏད་མེད་དོ་དིང་རི་བ། །འཛིན་མེད་རང་གྲོལ་སྐྱི་སེར་རླུང་དང་འདྲ།
།ཡུལ་ལ་ཞེན་འཛིན་མེད་དོ་དིང་རི་བ། །རིག་པ་དངོས་མེད་ནམ་མཁའི་འཇའ་དང་འདྲ།
།ཉམས་ལ་ཐོགས་པ་མེད་དོ་དིང་རི་བ། །ཆོས་ཉིད་དོན་མཐོང་ཆུ་ཤུག་པའི་རྨི་ལམ་འདྲ།
།ཚིག་དང་ཐ་སྙད་བྲལ་ལོ་དིང་རི་བ། །རྟོགས་པའི་ཉམས་ཤར་གཞོན་ནུའི་བདེ་བ་འདྲ།
།དགའ་བདེ་བརྗོད་དུ་མེད་དོ་དིང་རི་བ། །གསལ་སྟོང་དབྱེར་མེད་ཆུ་ནང་ཟླ་བ་འདྲ།
།གང་ལའང་ཆགས་ཐོགས་མེད་དོ་དིང་རི་བ། །སྣང་སྟོང་དབྱེར་མེད་ནམ་མཁའ་སྟོང་པ་འདྲ།
།སེམས་ལ་མཐའ་དབུས་མེད་དོ་དིང་རི་བ། །དྲན་པ་ཡེངས་མེད་སྒྲིག་མོའི་མེ་ལོང་འདྲ།
།དེ་ལ་གྲུབ་མཐའ་མེད་དོ་དིང་རི་བ། །རིག་སྟོང་དབྱེར་མེད་མེ་ལོང་གཟུགས་བརྙན་འདྲ།
།དེ་ལ་སྐྱེ་འགག་མེད་དོ་དིང་རི་བ། །བདེ་སྟོང་འཛིན་མེད་གངས་ལ་ཉི་ཤར་འདྲ།
།དེ་ལ་ངོས་བཟུང་མེད་དོ་དིང་རི་བ། །འཁྲུལ་གཏམ་རྗེས་མེད་བྲག་ཆ་སྟོང་པ་འདྲ།
།སྒྲ་ལ་འཛིན་པ་མེད་དོ་དིང་རི་བ། །བདེ་སྡུག་འཁྲུལ་འཁོར་པི་ཝང་ཁོང་རྒྱུན་འདྲ།
།རྒྱུ་རྐྱེན་ལས་ཀྱིས་སྤྱོར་རོ་དིང་རི་བ། །འཁོར་འདས་རང་གྲོལ་བྱིས་པའི་རྩེད་མོ་འདྲ།
།སེམས་ལ་སྐྱེ་འགག་མེད་དོ་དིང་རི་བ། །ཕྱི་ཡི་སྤྲོས་པ་རང་གི་སེམས་ལ་འདུས།
།འཁྲུག་རོམ་ཆུ་རུ་ཞུའོ་དིང་རི་བ། །མ་རིག་འཁྲུལ་འཁོར་སྣང་ལ་ཆུ་ཛོལ་འདྲ།

།བཀག་པས་ཁེག་པ་མེད་དོ་དིང་རི་བ། །འཁོར་འདས་འཁྲུལ་སྣང་དགྲ་ཟུན་འཕྲོད་པ་འདྲ།
།ར་མདའ་བླ་མ་ལྷག་གོ་དིང་རི་བ། །སྐུ་ལྔ་རང་གསལ་གསེར་གླིང་བསླེབས་པ་འདྲ།
།རེ་དོགས་སྤང་བླང་མེད་དོ་དིང་རི་བ། །དལ་འབྱོར་མི་ལུས་རིན་ཆེན་གསེར་དང་འདྲ།
།དོན་མེད་ཆུད་ཟོས་མ་བྱེད་དིང་རི་བ། །ཐེག་ཆེན་ཆོས་ཚུལ་ཡིད་བཞིན་ནོར་བུ་འདྲ།
།བཙལ་ཡང་རྙེད་པར་དཀའ་འོ་དིང་རི་བ། །ཚེ་འདིའི་ལྟོ་གོས་ཇི་ལྟར་བྱས་ཀྱང་ཕྱིད།
།མདོ་དོན་ཆོས་ལ་དྲིལ་ཤིག་དིང་རི་བ། །གཞོན་ནུའི་དུས་སུ་དཀའ་ཐུབ་ཉམས་ལེན་གྱིས།
།རྒས་ནས་འབྱུང་བས་མི་འཆུན་དིང་རི་བ། །ཉོན་མོངས་སྐྱེ་དུས་གཉེན་པོས་སླེབ་པར་གྱིས།
།མཚན་མ་རང་སར་གྲོལ་ལོ་དིང་རི་བ། །སྐབས་སུ་འཁོར་བའི་སྡུག་བསྔལ་དྲན་པར་གྱིས།
།དད་པའི་གསོས་འདེབས་ཡིན་ནོ་དིང་རི་བ། །ད་རེས་བརྩོན་འགྲུས་བསྐྱེད་ལ་རང་ས་ཟུངས།
།ཤི་ནས་གར་སྐྱེ་མེད་དོ་དིང་རི་བ། །ཚེ་ལ་ལོང་མེད་རྩ་ཁའི་ཟིལ་པ་འདྲ།
།ལེ་ལོ་སྙོམ་ལས་སྤོངས་ཤིག་དིང་རི་བ། །སངས་རྒྱས་བསྟན་པ་སྤྲིན་བར་ཉི་མ་འདྲ།
།ད་རེས་གསལ་བ་ཡིན་ནོ་དིང་རི་བ། །སྐྱིད་སྡུག་གཉིས་ཀྱི་ལེ་ལན་གཞན་སེམས་ཀྱང་།
།རྐྱེན་རྩ་རང་ལ་ཡོད་དོ་དིང་རི་བ། །དད་པ་རྐྱེན་གྱིས་བསྒྱུར་བ་ལམ་ཉེ་བས།
།འཁོར་བའི་ཉེས་དམིགས་སོམས་ཤིག་དིང་རི་བ། །གྲོགས་ངན་བསྟེན་ན་སྤྱོད་ངན་ཤུགས་ལ་འགོ
།སྡིག་པའི་གྲོགས་པོ་སྤོངས་ཤིག་དིང་རི་བ། །གྲོགས་བཟང་བསྟེན་ན་ཡོན་ཏན་ཤུགས་ལ་འབྱུང་།
།དགེ་བའི་བཤེས་གཉེན་བསྟེན་ཞིག་དིང་རི་བ། །གཡོ་སྒྱུ་རྫུན་གྱིས་རང་དང་གཞན་ཡང་བསླུ།
།དཔང་པོར་སེམས་ལ་ཆོལ་ཞིག་དིང་རི་བ། །མ་རིག་འཁྲུལ་པ་ཕུང་འདྲེའི་རྩ་བ་ཡིན།
།ཤེས་བཞིན་དྲན་པས་ཟུང་ཤིག་དིང་རི་བ། །དུག་ལྔ་དུག་གསུམ་གཞོམ་ན་ལམ་ཐག་ཉེ།
།གཉེན་པོ་སྟོབས་ལྡན་བསྟེན་ཅིག་དིང་རི་བ། །བརྩོན་འགྲུས་མཐུ་སྟོབས་ཆུང་བས་འཚང་མི་རྒྱ།
།གོ་ཆས་སླེབས་པར་གྱིས་ཤིག་དིང་རི་བ། །བག་ཆགས་གྲོགས་ཡུན་རིང་བས་ཕྱི་འདེད་འོངས།

།འདས་པའི་རྗེས་འཇུག་མ་བྱེད་དིང་རི་བ། །སེམས་ལ་གོ་རྟོགས་ཆུང་ན་གསོལ་བ་ཐོབ།

།རྟོགས་པ་ཤུགས་ལ་འཆར་རོ་དིང་རི་བ། །ཕྱི་མར་སྐྱིད་པར་འདོད་ན་སྡུག་སྲན་བསྐྱེད།

།སངས་རྒྱས་རྩ་ན་གདའོ་དིང་རི་བ། །འདུས་པའི་སྤྲ་དྲོ་འབྲལ་བའི་བརྡ་ཞིག་བྱུང་།

།འདུ་འབྲལ་སེམས་ལ་གཟན་ནོ་དིང་རི་བ། །གྲོགས་པོ་ཕལ་ཆེར་ཕྱི་མའི་གནས་སུ་ཐལ།

།མཛའ་གྲོགས་རྒྱགས་ཕྱེ་ཡོད་དམ་དིང་རི་བ། །སྡུག་བསྔལ་ཐམས་ཅད་སྡིག་པའི་ལས་ལ་བྱུང་།

།སྡིག་པ་ཆུང་ཡང་སྤོངས་ཤིག་དིང་རི་བ། །བདེ་བ་ཐམས་ཅད་དགེ་བའི་ལས་ལས་བྱུང་།

།དགེ་བ་ཆུང་ཡང་སྒྲུབས་ཤིག་དིང་རི་བ། །དགེ་སྡིག་རྒྱུ་ལས་འབྲས་བུ་བདེ་སྡུག་འབྱུང་།

།སྡིག་སྤོང་དགེ་བ་སྒྲུབས་ཤིག་དིང་རི་བ། །ཨ་ཙ་ར་ནི་དིང་རིར་མི་སྡོད་འགྲོ

།སྒྲོ་འདོགས་ད་ལྟ་ཆོད་ཅིག་དིང་རི་བ། །ངས་ནི་གཡེང་བ་མེད་པར་སྒྲུབ་པ་བྱས།

།ཁྱེད་ཀྱང་རྗེས་སུ་ཞུགས་ཤིག་དིང་རི་བ། །དེ་ལྟར་རྗེ་བཙུན་དམ་པའི་ཞལ་གདམས་འདི།

།རང་གཞན་ཡོངས་ལ་ཕན་ཕྱིར་བཀོད་པ་ཡིས། །ཐོས་ཚད་རྒྱུད་ལ་ཕོལ་ཞིག་ཤེས་ལྡན་དག

།ཅེས་པ་གཅིག་རྗེ་བཙུན་དམ་པ་སངས་རྒྱས་ཀྱིས་དིང་རི་བ་རྣམས་ལ་བཀའ་སློབ་ཞལ་ཆེམས་སུ་
གནང་བ་དིང་རི་བརྒྱ་རྩ་མ་ཞེས་བྱ་བ་རྫོགས་སོ།། །།

橡樹林文化 ❖❖ 善知識系列 ❖❖ 書目

JB0001	狂喜之後	傑克・康菲爾德◎著	380 元
JB0002	抉擇未來	達賴喇嘛◎著	250 元
JB0003	佛性的遊戲	舒亞・達斯喇嘛◎著	300 元
JB0004	東方大日	邱陽・創巴仁波切◎著	300 元
JB0005	幸福的修煉	達賴喇嘛◎著	230 元
JB0006	與生命相約	一行禪師◎著	240 元
JB0007	森林中的法語	阿姜查◎著	320 元
JB0008	重讀釋迦牟尼	陳兵◎著	320 元
JB0009	你可以不生氣	一行禪師◎著	230 元
JB0010	禪修地圖	達賴喇嘛◎著	280 元
JB0011	你可以不怕死	一行禪師◎著	250 元
JB0012	平靜的第一堂課——觀呼吸	德寶法師 ◎著	260 元
JB0013	正念的奇蹟	一行禪師◎著	220 元
JB0014	觀照的奇蹟	一行禪師◎著	220 元
JB0015	阿姜查的禪修世界——戒	阿姜查◎著	220 元
JB0016	阿姜查的禪修世界——定	阿姜查◎著	250 元
JB0017	阿姜查的禪修世界——慧	阿姜查◎著	230 元
JB0018X	遠離四種執著	究給・企千仁波切◎著	280 元
JB0019	禪者的初心	鈴木俊隆◎著	220 元
JB0020X	心的導引	薩姜・米龐仁波切◎著	240 元
JB0021X	佛陀的聖弟子傳 1	向智長老◎著	240 元
JB0022	佛陀的聖弟子傳 2	向智長老◎著	200 元
JB0023	佛陀的聖弟子傳 3	向智長老◎著	200 元
JB0024	佛陀的聖弟子傳 4	向智長老◎著	260 元
JB0025	正念的四個練習	喜戒禪師◎著	260 元
JB0026	遇見藥師佛	堪千創古仁波切◎著	270 元
JB0027	見佛殺佛	一行禪師◎著	220 元
JB0028	無常	阿姜查◎著	220 元
JB0029	覺悟勇士	邱陽・創巴仁波切◎著	230 元

JB0030	正念之道	向智長老◎著	280元
JB0031	師父——與阿姜查共處的歲月	保羅．布里特◎著	260元
JB0032	統御你的世界	薩姜．米龐仁波切◎著	240元
JB0033	親近釋迦牟尼佛	髻智比丘◎著	430元
JB0034	藏傳佛教的第一堂課	卡盧仁波切◎著	300元
JB0035	拙火之樂	圖敦．耶喜喇嘛◎著	280元
JB0036	心與科學的交會	亞瑟．札炯克◎著	330元
JB0037	你可以，愛	一行禪師◎著	220元
JB0038	專注力	B．艾倫．華勒士◎著	250元
JB0039	輪迴的故事	慈誠羅珠堪布◎著	270元
JB0040	成佛的藍圖	堪千創古仁波切◎著	270元
JB0041	事情並非總是如此	鈴木俊隆禪師◎著	240元
JB0042	祈禱的力量	一行禪師◎著	250元
JB0043	培養慈悲心	圖丹．卻准◎著	320元
JB0044	當光亮照破黑暗	達賴喇嘛◎著	300元
JB0045	覺照在當下	優婆夷　紀．那那蓉◎著	300元
JB0046	大手印暨觀音儀軌修法	卡盧仁波切◎著	340元
JB0047X	蔣貢康楚閉關手冊	蔣貢康楚羅卓泰耶◎著	260元
JB0048	開始學習禪修	凱薩琳．麥唐諾◎著	300元
JB0049	我可以這樣改變人生	堪布慈囊仁波切◎著	250元
JB0050	不生氣的生活	W. 伐札梅諦◎著	250元
JB0051	智慧明光：《心經》	堪布慈囊仁波切◎著	250元
JB0052	一心走路	一行禪師◎著	280元
JB0054	觀世音菩薩妙明教示	堪布慈囊仁波切◎著	350元
JB0055	世界心精華寶	貝瑪仁增仁波切◎著	280元
JB0056	到達心靈的彼岸	堪千．阿貝仁波切◎著	220元
JB0057	慈心禪	慈濟瓦法師◎著	230元
JB0058	慈悲與智見	達賴喇嘛◎著	320元
JB0059	親愛的喇嘛梭巴	喇嘛梭巴仁波切◎著	320元
JB0060	轉心	蔣康祖古仁波切◎著	260元
JB0061	遇見上師之後	詹杜固仁波切◎著	320元
JB0062	白話《菩提道次第廣論》	宗喀巴大師◎著	500元

JB0063	離死之心	竹慶本樂仁波切◎著	400 元
JB0064	生命真正的力量	一行禪師◎著	280 元
JB0065	夢瑜伽與自然光的修習	南開諾布仁波切◎著	280 元
JB0066	實證佛教導論	呂真觀◎著	500 元
JB0067	最勇敢的女性菩薩——綠度母	堪布慈囊仁波切◎著	350 元
JB0068	建設淨土——《阿彌陀經》禪解	一行禪師◎著	240 元
JB0069	接觸大地—與佛陀的親密對話	一行禪師◎著	220 元
JB0070	安住於清淨自性中	達賴喇嘛◎著	480 元
JB0071/72	菩薩行的祕密【上下冊】	佛子希瓦拉◎著	799 元
JB0073	穿越六道輪迴之旅	德洛達娃多瑪◎著	280 元
JB0074	突破修道上的唯物	邱陽・創巴仁波切◎著	320 元
JB0075	生死的幻覺	白瑪格桑仁波切◎著	380 元
JB0076	如何修觀音	堪布慈囊仁波切◎著	260 元
JB0077	死亡的藝術	波卡仁波切◎著	250 元
JB0078	見之道	根松仁波切◎著	330 元
JB0079	彩虹丹青	祖古・烏金仁波切◎著	340 元
JB0080	我的極樂大願	卓千拉貢仁波切◎著	260 元
JB0081	再捻佛語妙花	祖古・烏金仁波切◎著	250 元
JB0082	進入禪定的第一堂課	德寶法師◎著	300 元
JB0083	藏傳密續的真相	圖敦・耶喜喇嘛◎著	300 元
JB0084	鮮活的覺性	堪千創古仁波切◎著	350 元
JB0085	本智光照	遍智 吉美林巴◎著	380 元
JB0086	普賢王如來祈願文	竹慶本樂仁波切◎著	320 元
JB0087	禪林風雨	果煜法師◎著	360 元
JB0088	不依執修之佛果	敦珠林巴◎著	320 元
JB0089	本智光照—功德寶藏論 密宗分講記	遍智 吉美林巴◎著	340 元
JB0090	三主要道論	堪布慈囊仁波切◎講解	280 元
JB0091	千手千眼觀音齋戒—紐涅的修持法	汪遷仁波切◎著	400 元
JB0092	回到家，我看見真心	一行禪師◎著	220 元
JB0093	愛對了	一行禪師◎著	260 元
JB0094	追求幸福的開始：薩迦法王教你如何修行	尊勝的薩迦法王◎著	300 元
JB0095	次第花開	希阿榮博堪布◎著	350 元

JB0096	楞嚴貫心	果煜法師◎著	380 元
JB0097	心安了，路就開了： 讓《佛說四十二章經》成為你人生的指引	釋悟因◎著	320 元
JB0098	修行不入迷宮	札丘傑仁波切◎著	320 元
JB0099	看自己的心，比看電影精彩	圖敦・耶喜喇嘛◎著	280 元
JB0100	自性光明——法界寶庫論	大遍智　龍欽巴尊者◎著	450 元
JB0101	穿透《心經》：原來，你以為的只是假象	柳道成法師◎著	380 元
JB0102	直顯心之奧秘：大圓滿無二性的殊勝口訣	祖古貝瑪・里沙仁波切◎著	500 元
JB0103	一行禪師講《金剛經》	一行禪師◎著	320 元
JB0104	金錢與權力能帶給你什麼？ 一行禪師談生命真正的快樂	一行禪師◎著	280 元

橡樹林文化 ❖❖ 成就者傳紀系列 ❖❖ 書目

JS0001	惹瓊巴傳	堪千創古仁波切◎著	260 元
JS0002	曼達拉娃佛母傳	喇嘛卻南、桑傑・康卓◎英譯	350 元
JS0003	伊喜・措嘉佛母傳	嘉華・蔣秋、南開・寧波◎伏藏書錄	400 元
JS0004	無畏金剛智光：怙主敦珠仁波切的生平與傳奇	堪布才旺・董嘉仁波切◎著	400 元
JS0005	珍稀寶庫——薩迦總巴創派宗師貢嘎南嘉傳	嘉敦・強秋旺嘉◎著	350 元
JS0006	帝洛巴傳	堪千創古仁波切◎著	260 元
JS0007	南懷瑾的最後 100 天	王國平◎著	380 元
JS0008	偉大的不丹傳奇・五大伏藏王之一 貝瑪林巴之生平與伏藏教法	貝瑪林巴◎取藏	450 元

橡樹林文化 ❖❖ 圖解佛學系列 ❖❖ 書目

JL0001	圖解西藏生死書	張宏實◎著	420 元
JL0002	圖解佛教八識	洪朝吉◎著	260 元

橡樹林文化 ❖❖ 衆生系列 ❖❖ 書目

JP0001	大寶法王傳奇	何謹◎著	200元
JP0002X	當和尚遇到鑽石（增訂版）	麥可・羅區格西◎著	360元
JP0003X	尋找上師	陳念萱◎著	200元
JP0004	祈福 DIY	蔡春娉◎著	250元
JP0006	遇見巴伽活佛	溫普林◎著	280元
JP0009	當吉他手遇見禪	菲利浦・利夫・須藤◎著	220元
JP0010	當牛仔褲遇見佛陀	蘇密・隆敦◎著	250元
JP0011	心念的賽局	約瑟夫・帕蘭特◎著	250元
JP0012	佛陀的女兒	艾美・史密特◎著	220元
JP0013	師父笑呵呵	麻生佳花◎著	220元
JP0014	菜鳥沙彌變高僧	盛宗永興◎著	220元
JP0015	不要綁架自己	雪倫・薩爾茲堡◎著	240元
JP0016	佛法帶著走	佛朗茲・梅蓋弗◎著	220元
JP0018C	西藏心瑜伽	麥可・羅區格西◎著	250元
JP0019	五智喇嘛彌伴傳奇	亞歷珊卓・大衛一尼爾◎著	280元
JP0020	禪　兩刃相交	林谷芳◎著	260元
JP0021	正念瑜伽	法蘭克・裘德・巴奇歐◎著	399元
JP0022	原諒的禪修	傑克・康菲爾德◎著	250元
JP0023	佛經語言初探	竺家寧◎著	280元
JP0024	達賴喇嘛禪思 365	達賴喇嘛◎著	330元
JP0025	佛教一本通	蓋瑞・賈許◎著	499元
JP0026	星際大戰・佛部曲	馬修・波特林◎著	250元
JP0027	全然接受這樣的我	塔拉・布萊克◎著	330元
JP0028	寫給媽媽的佛法書	莎拉・娜塔莉◎著	300元
JP0029	史上最大佛教護法一阿育王傳	德千汪莫◎著	230元
JP0030	我想知道什麼是佛法	圖丹・卻淮◎著	280元
JP0031	優雅的離去	蘇希拉・布萊克曼◎著	240元
JP0032	另一種關係	滿亞法師◎著	250元
JP0033	當禪師變成企業主	馬可・雷瑟◎著	320元

JP0034	智慧 81	偉恩．戴爾博士◎著	380 元
JP0035	覺悟之眼看起落人生	金菩提禪師◎著	260 元
JP0036	貓咪塔羅算自己	陳念萱◎著	520 元
JP0037	聲音的治療力量	詹姆斯．唐傑婁◎著	280 元
JP0038	手術刀與靈魂	艾倫．翰彌頓◎著	320 元
JP0039	作為上師的妻子	黛安娜．J．木克坡◎著	450 元
JP0040	狐狸與白兔道晚安之處	庫特．約斯特勒◎著	280 元
JP0041	從心靈到細胞的療癒	喬思．慧麗．赫克◎著	260 元
JP0042	27% 的獲利奇蹟	蓋瑞．賀許伯格◎著	320 元
JP0043	你用對專注力了嗎？	萊斯．斐米博士◎著	280 元
JP0044	我心是金佛	大行大禪師◎著	280 元
JP0045	當和尚遇到鑽石 2	麥可．羅區格西◎等著	280 元
JP0046	雪域求法記	邢肅芝（洛桑珍珠）◎口述	420 元
JP0047	你的心是否也住著一隻黑狗？	馬修．約翰史東◎著	260 元
JP0048	西藏禪修書	克莉絲蒂．麥娜麗喇嘛◎著	300 元
JP0049	西藏心瑜伽 2	克莉絲蒂．麥娜麗喇嘛◎等著	300 元
JP0050	創作，是心靈療癒的旅程	茱莉亞．卡麥隆◎著	350 元
JP0051	擁抱黑狗	馬修．約翰史東◎著	280 元
JP0052	還在找藉口嗎？	偉恩．戴爾博士◎著	320 元
JP0053	愛情的吸引力法則	艾莉兒．福特◎著	280 元
JP0054	幸福的雪域宅男	原人◎著	350 元
JP0055	貓馬麻	阿義◎著	350 元
JP0056	看不見的人	中沢新一◎著	300 元
JP0057	內觀瑜伽	莎拉．鮑爾斯◎著	380 元
JP0058	29 個禮物	卡蜜．沃克◎著	300 元
JP0059	花仙療癒占卜卡	張元貞◎著	799 元
JP0060	與靈共存	詹姆斯．范普拉◎著	300 元
JP0061	我的巧克力人生	吳佩容◎著	300 元
JP0062	這樣玩，讓孩子更專注、更靈性	蘇珊．凱瑟．葛凌蘭◎著	350 元
JP0063	達賴喇嘛送給父母的幸福教養書	安娜．芭蓓蔻爾．史蒂文．李斯◎著	280 元
JP0064	我還沒準備說再見	布蕾克．諾爾&帕蜜拉．D．布萊爾◎著	380 元
JP0065	記憶人人 hold 得住	喬許．佛爾◎著	360 元

JP0066	菩曼仁波切	林建成◎著	320 元
JP0067	下面那裡怎麼了？	莉莎・瑞金◎著	400 元
JP0068	極密聖境・仰桑貝瑪貴	邱常梵◎著	450 元
JP0069	停心	釋心道◎著	380 元
JP0070	聞盡	釋心道◎著	380 元
JP0071	如果你對現況感到倦怠……	威廉・懷克羅◎著	300 元
JP0072	希望之翼：倖存的奇蹟，以及雨林與我的故事	茱莉安・柯普科◎著	380 元
JP0073	我的人生療癒旅程	鄧嚴◎著	260 元
JP0074	因果，怎麼一回事？	釋見介◎著	240 元
JP0075	皮克斯動畫師之紙上動畫《羅摩衍那》	桑傑・帕特爾◎著	720 元
JP0076	寫，就對了！	茱莉亞・卡麥隆◎著	380 元
JP0077	願力的財富	釋心道◎著	380 元
JP0078	當佛陀走進酒吧	羅卓・林茲勒◎著	350 元
JP0079	人聲，奇蹟的治癒力	伊凡・德・布奧恩◎著	380 元
JP0080	當和尚遇到鑽石 3	麥可・羅區格西◎著	400 元
JP0081	AKASH 阿喀許靜心 100	AKASH 阿喀許◎著	400 元
JP0082	世上是不是有神仙：生命與疾病的真相	樊馨蔓◎著	300 元
JP0083	生命不僅僅如此—辟穀記（上）	樊馨蔓◎著	320 元
JP0084	生命可以如此—辟穀記（下）	樊馨蔓◎著	420 元
JP0085	讓情緒自由	茱迪斯・歐洛芙◎著	420 元
JP0086	別癌無恙	李九如◎著	360 元
JP0087	什麼樣的業力輪迴，造就現在的你	芭芭拉・馬丁＆狄米崔・莫瑞提斯◎著	420 元
JP0088	我也有聰明數學腦：15 堂課激發被隱藏的競爭力	盧采嫻◎著	280 元
JP0089	與動物朋友心傳心	羅西娜・瑪利亞・阿爾克蒂◎著	320 元
JP0090	法國清新舒壓著色畫 50：繽紛花園	伊莎貝爾・熱志－梅納＆紀絲蘭・史朵哈＆克萊兒・摩荷爾－法帝歐◎著	350 元
JP0091	法國清新舒壓著色畫 50：療癒曼陀羅	伊莎貝爾・熱志－梅納＆紀絲蘭・史朵哈＆克萊兒・摩荷爾－法帝歐◎著	350 元
JP0092	風是我的母親	熊心、茉莉・拉肯◎著	350 元
JP0093	法國清新舒壓著色畫 50：幸福懷舊	伊莎貝爾・熱志－梅納＆紀絲蘭・史朵哈＆克萊兒・摩荷爾－法帝歐◎著	350 元

JP0094	走過倉央嘉措的傳奇：尋訪六世達賴喇嘛的童年和晚年，解開情詩活佛的生死之謎	邱常梵◎著	450 元
JP0095	【當和尚遇到鑽石 4】愛的業力法則：西藏的古老智慧，讓愛情心想事成	麥可・羅區格西◎著	450 元
JP0096	媽媽的公主病：活在母親陰影中的女兒，如何走出自我？	凱莉爾・麥克布萊德博士◎著	380 元
JP0097	法國清新舒壓著色畫 50：璀璨伊斯蘭	伊莎貝爾・熱志－梅納＆紀絲蘭・史朵哈＆克萊兒・摩荷爾－法帝歐◎著	350 元
JP0098	最美好的都在此刻：53 個創意、幽默、找回微笑生活的正念練習	珍・邱禪・貝斯醫生◎著	350 元
JP0099	愛，從呼吸開始吧！回到當下、讓心輕安的禪修之道	釋果峻◎著	300 元
JP0100	能量曼陀羅：彩繪內在寧靜小宇宙	保羅・霍伊斯坦、狄蒂・羅恩◎著	380 元
JP0101	爸媽何必太正經！幽默溝通，讓孩子正向、積極、有力量	南琦◎著	300 元
JP0102	舍利子，是什麼？	洪宏◎著	320 元
JP0103	我隨上師轉山：蓮師聖地溯源朝聖	邱常梵◎著	460 元
JP0104	光之手：人體能量場療癒全書	芭芭拉・安・布藍能◎著	899 元
JP0105	在悲傷中還有光：失去珍愛的人事物，找回重新連結的希望	尾角光美◎著	300 元
JP0106	法國清新舒壓著色畫 45：海底嘉年華	小姐們◎著	360 元

橡樹林文化 ❖❖ 蓮師文集系列 ❖❖ 書目

JA0001	空行法教	伊喜・措嘉佛母輯錄付藏	260 元
JA0002	蓮師傳	伊喜・措嘉記錄撰寫	380 元
JA0003	蓮師心要建言	艾瑞克・貝瑪・昆桑◎藏譯英	350 元
JA0004	白蓮花	蔣貢米龐仁波切◎著	260 元
JA0005	松嶺寶藏	蓮花生大士◎著	330 元
JA0006	自然解脫	蓮花生大士◎著	400 元

善知識系列　JB0107

覺悟者的臨終贈言：《定日百法》

作　　　者／帕當巴桑傑大師
講　　　述／堪布慈囊仁波切
責任編輯／劉昱伶
業　　　務／顏宏紋

總　編　輯／張嘉芳
出　　　版／橡樹林文化
城邦文化事業股份有限公司
104 台北市民生東路二段 141 號 5 樓
電話：(02)2500-7696　傳眞：(02)2500-1951
發　　　行／英屬蓋曼群島商家庭傳媒股份有限公司城邦分公司
104 台北市中山區民生東路二段 141 號 5 樓
客服服務專線：(02)25007718；25001991
24 小時傳眞專線：(02)25001990；25001991
服務時間：週一至週五上午 09:30 ～ 12:00；下午 13:30 ～ 17:00
劃撥帳號：19863813　戶名：書虫股份有限公司
讀者服務信箱：service@readingclub.com.tw
香港發行所／城邦（香港）出版集團有限公司
香港灣仔駱克道 193 號東超商業中心 1 樓
電話：(852)25086231　傳眞：(852)25789337
馬新發行所／城邦（馬新）出版集團【Cité (M) Sdn.Bhd. (458372 U)】
41, Jalan Radin Anum, Bandar Baru Sri Petaling,
57000 Kuala Lumpur, Malaysia.
電話：(603) 90563833　傳眞：(603) 90576622
Email：services@cite.my

封面設計／黃健民 w110.w110@msa.hinet.net
內文排版／歐陽碧智 abemilyouyang@gmail.com
印　　　刷／韋懋實業有限公司

一版一刷／ 2015 年 11 月
一版二刷／ 2023 年 05 月
ISBN ／ 978-986-5613-06-8
定價／ 300 元

城邦讀書花園
www.cite.com.tw

國家圖書館出版品預行編目（CIP）資料

覺悟者的臨終贈言：《定日百法》／帕當巴桑傑大師作；堪布慈囊仁波切講述. -- 一版. -- 臺北市：橡樹林文化，城邦文化出版：家庭傳媒城邦分公司發行，2015.11
面；　公分. --（善知識系列；JB0107）

ISBN 978-986-5613-06-8（平裝）

1. 藏傳佛教　2. 佛教修持

226.965　　104019712

廣　告　回　函
北區郵政管理局登記證
北 台 字 第 10158 號
郵資已付　免貼郵票

104 台北市中山區民生東路二段 141 號 5 樓

城邦文化事業股份有限公司
橡樹林出版事業部　收

請沿虛線剪下對折裝訂寄回，謝謝！

|橡|樹|林|

書名：覺悟者的臨終贈言：《定日百法》　書號：JB0107

橡樹林文化

讀者回函卡

感謝您對橡樹林出版社之支持，請將您的建議提供給我們參考與改進；請別忘了給我們一些鼓勵，我們會更加努力，出版好書與您結緣。

姓名：________________ □女 □男 生日：西元________年

Email：________________________________

●您從何處知道此書？

□書店 □書訊 □書評 □報紙 □廣播 □網路 □廣告 DM □親友介紹

□橡樹林電子報 □其他________

●您以何種方式購買本書？

□誠品書店 □誠品網路書店 □金石堂書店 □金石堂網路書店

□博客來網路書店 □其他________

●您希望我們未來出版哪一種主題的書？（可複選）

□佛法生活應用 □教理 □實修法門介紹 □大師開示 □大師傳紀

□佛教圖解百科 □其他________

●您對本書的建議：

____

____

____

____

____

非常感謝您提供基本資料，基於行銷及客戶管理或其他合於營業登記項目或章程所定業務需要之目的，家庭傳媒集團（即英屬蓋曼群商家庭傳媒股份有限公司城邦分公司、城邦文化事業股份有限公司、書虫股份有限公司、墨刻出版股份有限公司、城邦原創股份有限公司）於本集團之營運期間及地區內，將不定期以 MAIL 訊息發送方式，利用您的個人資料於提供讀者產品相關之消費與活動訊息，如您有依照個資法第三條或其他需服務之務，得致電本公司客服。

我已經完全瞭解左述內容，並同意本人資料依上述範圍內使用。

________________（簽名）

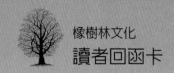

處理佛書的方式

佛書內含佛陀的法教，能令我們免於投生惡道，並且爲我們指出解脫之道。因此，我們應當對佛書恭敬，不將它放置於地上、座位或是走道上，也不應跨過。搬運佛書時，要妥善地包好、保護好。放置佛書時，應放在乾淨的高處，與其他一般的物品區分開來。

若是需要處理掉不用的佛書，就必須小心謹慎地將它們燒掉，而不是丟棄在垃圾堆當中。焚燒佛書前，最好先唸一段祈願文或是咒語，例如唵（OM）、啊（AH）、吽（HUNG），然後觀想被焚燒的佛書中的文字融入「啊」字，接著「啊」字融入你自身，之後才開始焚燒。

這些處理方式也同樣適用於佛教藝術品，以及其他宗教教法的文字記錄與藝術品。

ཡི་གེ་ཉི་ཤུ་རྩ་དྲུག་པ་འདི་དཔེ་ཆའི་ནང་དུ་བཞག་ན་དཔེ་ཆ་དེ་ཅི་འདྲར་
བགོམས་ཀྱང་ཉེས་པ་མི་འབྱུང་བར་འཇམ་དཔལ་རྩ་རྒྱུད་ལས་གསུངས་སོ། །

此咒置經書中　可滅誤跨之罪